KB019216

플라톤의 대화편

향연

일러두기

1. 원전에 충실하면서도 독자들이 이해하고 읽기 편하게 최대한 쉬운 말로 번역하고자 했다.
2. 본문 바깥에 표시된 아라비아숫자와 로마자는 '스테파누스Stephanus 표기'에 따른 것이다. 르네상스 시대의 프랑스 출판업자 앙리 에스티엔Henri Estienne(라틴어 이름 스테파누스)은 1578년에 제네바에서 프랑스 역사가 장 드 세르Jean de Serres(라틴어 이름 요안네스 세라누스Joannes Serranus)가 번역한 플라톤 전집을 세 권으로 편집하여 발행했다. 이 판의 특색은 각 쪽이 두 개의 세로 단으로 나뉘어 왼쪽 단에는 그리스어로 된 텍스트를, 오른쪽 단에는 라틴어로 된 텍스트를 두면서 그 사이에 세로 단을 다섯 단락으로 나누어 'a'부터 'e'까지 로마자를 써놓은 것이다. 플라톤 저서의 인용은 스테파누스 판에 들어간 쪽수Stephanus number(아라비아숫자로 표기)와 판본의 단락(로마자로 표기)을 함께 적어 사용한다. 《향연》은 스테파누스 판본의 3권 172a~223d에 수록되어 있다.
3. 표기는 한글맞춤법과 외래어표기법을 따랐고, 인명과 지명은 고대 그리스어 발음에 충실하게 표기했다. 가령 외래어표기법상 '*Αθηναι*'는 관용에 따라 '아테네'로 표기하지만, 고대 그리스어 발음인 '아테나이Athēnai'로 표기했다.
4. 본문 설명에 필요한 각주와 작품 해제는 번역자가 덧붙였다.

플 라 톤 의
대 화 편

향연

Συμπόσιον

마리 교양

플라톤 | 오유석 옮김

마리북스

차 례

주 요 인 물

아폴로도로스 Ἀπολλόδωρος

이 대화편의 화자(기원전 445~?). 소크라테스의 추종자 중 한 사람[1]이었으나 기원전 416년에는 아직 소년이었기에 아가톤의 축하연에 참석하지 못했다. 플라톤의 《소크라테스의 변론》 38b에 따르면, 아폴로도로스는 소크라테스에게 사형 대신 벌금형을 제안하도록 종용했다. 또 《파이돈》 59a-b, 117d에도 아폴로도로스가 등장하는데, 소크라테스가 독배를 마시자 참지 못하고 대성통곡하여 주위를 울음바다로 만들었다. 《향연》 173d에서는 아폴로도로스를 '유약한 자'로 기술한다.

아리스토데모스 Ἀριστόδημος

향연 참석자(기원전 5세기경). 아가톤의 축하연에 참석했으며, 그때

1 크세노폰의 《소크라테스 회상》 3.11.17에 따르면, 아폴로도로스는 매일 소크라테스와 함께 시간을 보내면서 그의 말과 행동을 살폈다.

있었던 일을 아폴로도로스에게 전해주었다. 그는 왜소하고 맨발로 다녔으며 소크라테스를 열렬히 추종했다. 알키비아데스와 마찬가지로 아가톤의 축하연에 초대받지 않고 참석했다. 한편 크세노폰의 《소크라테스 회상》에서 아리스토데모스는 신들에게 점치거나 제사를 지내지 않았으며 그렇게 하는 사람을 조롱했다.

파이드로스 Φαῖδρος

향연 참석자(기원전 444~393년경). 부유한 가문 출신이며 수사술에 관심이 많은 20대 중후반의 청년이다. 그는 플라톤의 《프로타고라스》와 《파이드로스》에도 등장하는데, 《프로타고라스》 315c에는 그와 에뤽시마코스가 히피아스에게 자연학에 관해 물음을 던진 것으로, 《파이드로스》[2]에는 뤼시아스의 수사술에 매료된 자로 기술되어 있다. 하지만 파이드로스는 신비 의식을 모독한 이유로 고소되어 알키비아데스와 함께 추방되었다.

파우사니아스 Παυσανίας

향연 참석자. 파우사니아스에 관해서는 알려진 것이 많지 않지만, 《프로타고라스》 315d-e에 따르면 파우사니아스는 오랫동안

2 《향연》과 《파이드로스》는 저술 시기도 주제도 비슷하다.

아가톤과 연인 관계였으며 소피스테스인 프로디코스의 수업을 들었다. 한편 크세노폰의 《향연》 8.32-35에서 파우사니아스는 동성애 연인으로 구성된 군대를 언급하는데, 소크라테스는 파우사니아스의 지나친 동성애 옹호를 비판했다.

에뤽시마코스Ἐρυξίμαχος

향연 참석자(기원전 448~415년경). 의사 아쿠메노스의 아들이며 에뤽시마코스 자신도 의사였다. 《파이드로스》 268a에는 파이드로스의 친구hetairos(또는 동료)로 기술되어 있으며, 《프로타고라스》에는 연인 파이드로스와 함께 소피스테스인 히피아스의 추종자로 묘사된다. 하지만 에뤽시마코스도 헤르메스 상을 훼손한 일로 유죄 선고를 받았고 이후 추방되었거나 처형되었다.

아리스토파네스Ἀριστοφάνης

향연 참석자(기원전 450~386년경). 당대 아테나이 최고의 희극작가로 등장인물의 우스꽝스러운 분장(거대한 성기, 배가 불뚝한 모습 등)과 정치적 풍자로 유명했다. 11편의 희극이 현존하는데, 그중 기원전 423년에 상연된 《구름》은 소크라테스를 신을 믿지 않는 자연철학자이자 부도덕한 소피스테스로 묘사했다. 또 기원전 411년에 상연된 《테스모포리아의 여인들》에서는 아가톤을 여성적 인물(오늘날의 게이와 유사)로 표현했다. 《소크라테스의 변론》에서 소크라테스는 자신이 아테나이 사람들에게 나쁜 평판을 얻게 된 주요한 이유 중 하나로《구름》을 꼽았다(18b, 19b-c).

아가톤 Ἀγάθων

향연 참석자(기원전 447~401년경). 에우리피데스, 소포클레스 등과 동시대에 활동한 비극작가다. 아테나이우스에 따르면, 기원전 416년 레나이아Lenaia 제전에서 아가톤은 비극 경연대회의 첫 우승을 차지했다. 또 《프로타고라스》에서는 그가 파우사니아스의 연인erōmenos이자 소피스테스인 프로디코스의 제자로 기술된다.

디오티마 Διοτίμα

만티네이아(펠로폰네소스반도 아르가디아 지역의 도시국가) 출신의 여성. 《향연》의 유일한 여성 화자이며, 소크라테스는 그녀에게서 에로스에 관한 일들을 배웠다고 고백한다. 소크라테스는 디오티마가 여사제 또는 무녀였다고 명시적으로 밝히지 않았다. 하지만 그녀 덕분에 아테나이의 역병(기원전 430년경)이 늦춰졌다고 말했으며, 디오티마의 이야기에는 신비종교 의식과 관련된 용어들이 많이 언급된다. '디오티마'라는 이름은 '제우스를 존경하는' 또는 '제우스의 존경을 받는'이라는 의미다. 오늘날 많은 학자들은 디오티마가 실존 인물이 아니라 플라톤이 만들어낸 가상의 인물(소크라테스의 대변인)일 것이라고 추측한다.

알키비아데스 Ἀλκιβιάδης

향연 참석자(기원전 451~404년경). 어렸을 때 고아가 되었으나 페리클레스에게 입양되었다. 부유하고 미남이며 정치적 영향력도 커서 여러 차례 장군이 되었다. 그러나 매우 사치스럽고 무도하며 무절제한 인물이기도 했다.

그는 기원전 415년에 아테나이 시민들을 설득해서 시칠리아섬의 도시국가 쉬라쿠사이로 원정을 떠나도록 했으며, 해군을 이끌 3인의 장군 중 한 사람으로 선출되었다. 하지만 원정 직후 엘레우시스 의식을 모독했다는 이유로 유죄 판결을 받고 아테나이로 소환되었다. 또 원정 직전에 누군가 헤르메스 상[3]을 훼손했는데, 이것이 알키비아데스의 소행이라는 소문이 돌았다. 이때 알키비아데스와 더불어 파이드로스와 에뤽시마코스도 불경한 행위에 공조했다는 이유로 기소되었다.

알키비아데스의 소환은 아테나이 군대의 리더십을 약화시켰다.

3 우리나라의 장승처럼 헤르메스 상이 공공장소나 길 입구에 세워져 행인을 지켜주었다고 한다.

그는 소환에 불응하고 스파르타로 도망쳤다. 결국 아테나이 해군은 쉬라쿠사이 원정에서 참패했고 그 후 아테나이는 쇠락의 길을 걷게 되었다. 알키비아데스가 조국을 배신했는데도 아테나이는 그의 도움을 필요로 했고, 기원전 407년에 다시 장군으로 선출되었다. 하지만 결국 알키비아데스는 다시 쫓겨나 페르시아로 망명했다가 기원전 404년경 소아시아에서 암살당했다. 아리스토파네스의 《개구리》 1425에 따르면, 아테나이 시민들은 알키비아데스를 욕망했고, 그를 미워하면서도 소유하고자 했다.

플라톤의 대화편
향연
—
Συμπόσιον

Πρ. Ἀληθέστατα ὦ σώκρατες εἴρηται· καί σοι νῦν ἤδη φασὶ ἅπαντες. Σω. Οὔ-
κουν καὶ ἀφίετέ με. Πρ. Σμικρὸν ἔτι λοιπὸν ὦ σώκρατες. οὐ γάρ δήπου σύγ'
ἀπερεῖς πρότερος ἡμῶν. ὑπομνήσω δέ σε τὰ λειπόμενα.

τέλος φιλήβου, ἢ περὶ ἡδονῆς.

ΣΥΜΠΟΣΙΟΝ, Ἢ ΠΕΡΙ ΕΡΩΤΟΣ. ΗΘΙΚΟΣ.

ΤΑ ΤΟΥ ΔΙΑΛΟΓΟΥ, ΠΡΟΣΩΠΑ.

Ἀπολλόδωρος. Ἑταῖρος ἀπολλοδώρου. Ἀριστόδημος. Σωκράτης.
Ἀγάθων. Φαῖδρος. Παυσανίας. Ἐρυξίμαχος.
Ἀριστοφάνης. Διοτίμα. Ἀλκιβιάδης.

Ἀπολ. Δοκῶ μοι περὶ ὧν πυνθάνεσθε νῦν οὐκ ἀμελέτητος εἶναι· καὶ γὰρ
ἐτύγχανον πρώην εἰς ἄστυ οἴκοθεν ἀνιὼν φαληρόθεν. τῶν οὖν γνω-
Α ρίμων τίς ὄπισθεν κατιδών με πόρρωθεν ἐκάλεσε, καὶ παίζων ἅμα
τῇ κλήσει ὁ φαληρεὺς ἔφη. οὗτος ἀπολλόδωρος οὐ περιμενεῖς; κἀ-
γὼ ἐπιστὰς, περιέμεινα. καὶ ὃς ἀπολλόδωρε ἔφη. Καὶ μὴν καὶ ἔναγχός
σε ἐζήτουν βουλόμενος διαπυθέσθαι τὴν ἀγάθωνος ξυνουσίαν, καὶ
σωκράτους, καὶ ἀλκιβιάδου, καὶ τῶν ἄλλων τῶν τότε ἐν τῷ συνδείπνῳ παραγενομέ-
νων περὶ τῶν ἐρωτικῶν λόγων, τίνες ἦσαν. ἄλλος γάρ τίς μοι διηγεῖτο ἀκηκοὼς φοίνι-
κος τοῦ φιλίππου. ἔφη δὲ καὶ σὲ εἰδέναι. ἀλλὰ γὰρ οὐδὲν εἶχε σαφὲς λέγειν. σὺ οὖν μοι
διήγησαι. δικαιότατος γὰρ εἶ τοὺς τοῦ ἑταίρου λόγους ἀπαγγέλλειν. πρότερον δέ μοι
εἰπ' ὅς ἐπί· σὺ αὐτὸς παρεγένου τῇ συνουσίᾳ ταύτῃ, ἢ οὔ. Κἀγὼ εἶπον ὅτι παντά-
πασιν ἔοικέ σοι οὐδὲν διηγεῖσθαι σαφὲς ὁ διηγούμενος εἰ νεωστὶ ἡγῇ τὴν συνουσίαν γεγο-
νέναι ταύτην ἣν ἐρωτᾷς· ὥστε καὶ ἐμὲ παραγενέσθαι. Ἔγωγε δή. Πόθεν ἦν δ'
ἐγὼ ὦ γλαύκων. οὐκ οἶσθ' ὅτι πολλῶν ἐτῶν ἀγάθων ἐνθάδε οὐκ ἐπιδεδήμηκεν; ἀφ' οὗ δ' ἐγὼ
σωκράτει συνδιατρίβω, καὶ ἐπιμελὲς πεποίημαι ἑκάστης ἡμέρας εἰδέναι ὅ, τι ἂν λέ-
γῃ, ἢ πράττῃ, οὐδέπω τρία ἔτη ἐστίν; πρὸ τοῦ δὲ, περιτρέχων ὅπη τύχοιμι, καὶ οἰόμενός τι
ποιεῖν ἀθλιώτερος ἦν ὁτουοῦν· οὐχ ἧττον ἢ σὺ νῦν, οἰόμενος δεῖν πάντα μᾶλλον πράττειν ἢ
φιλοσοφεῖν. Καὶ ὃς μὴ σκῶπτ' ἔφη. ἀλλ' εἰπέ μοι πότε ἐγένετο ἡ συνουσία αὕτη.
κἀγὼ εἶπον ὅτι παίδων ἡμῶν ὄντων ἔτι ὅτε τῇ πρώτῃ τραγῳδίᾳ ἐνίκησεν ἀγάθων. τῇ
ὑστεραίᾳ, ᾗ τὰ ἐπινίκια ἔθυεν, αὐτός τε καὶ οἱ χορευταί. Πάνυ ἔφη ἄρα πάλαι ὡς
ἔοικεν. ἀλλὰ τίς σοι διηγεῖτο, ἢ αὐτὸς σωκράτης. Οὐ μὰ τὸν δία ἦν δ' ἐγὼ, ἀλλ' ὅσπερ
φοίνικι. ἀριστόδημος ἦν τις κυδαθηναιεὺς σμικρὸς, ἀνυπόδητος ἀεί· παραγεγόνει δ' ἐν
τῇ συνουσίᾳ, σωκράτους ἐραστὴς ὢν ἐν τοῖς μάλιστα τῶν τότε ὡς ἐμοὶ δοκεῖ. οὐ μέντοι ἀλ-
λὰ καὶ σωκράτη γε ἔνια ἤδη ἀνηρόμην ὧν ἐκείνου ἤκουσα. καί μοι ὡμολόγει καθάπερ ἐ-
κεῖνος διηγεῖτο. Τί οὖν ἔφη οὐ διηγήσω μοι. πάντως δὲ ἡ ὁδὸς ἡ εἰς ἄστυ ἐπιτηδεία πο-
ρευομένοις καὶ λέγειν καὶ ἀκούειν. οὕτω δὴ ἰόντες ἅμα τοὺς λόγους περὶ αὐτῶν ἐποιού-
μεθα. ὥστε ὅπερ ἀρχόμενος εἶπον, οὐκ ἀμελετήτως ἔχω. εἰ οὖν δεῖ καὶ ὑμῖν διηγήσα-
σθαι ταῦτα χρὴ ποιεῖν. καὶ γὰρ ἔγωγε καὶ ἄλλως ὅταν μέν τινας περὶ φιλοσοφίας
λόγους ἢ αὐτὸς ποιῶμαι, ἢ ἄλλων ἀκούω χωρὶς τοῦ οἴεσθαι ὠφελεῖσθαι ὑπερφυῶς ὡς
χαίρω. ὅταν δὲ ἄλλους τινὰς ἄλλως τε καὶ τοὺς ὑμετέρους τοὺς τῶν πλουσίων καὶ χρη-
ματιστῶν αὐτός τε ἄχθομαι ὑμᾶς τε τοὺς ἑταίρους ἐλεῶ ὅτι οἴεσθέ τι ποιεῖν οὐδὲν ποιοῦν-
τες, καὶ ἴσως αὖ ὑμεῖς ἐμὲ ἡγεῖσθε κακοδαίμονα εἶναι, καὶ οἴομαι ὑμᾶς ἀληθῆ οἴεσθαι.
ἐγὼ μέντοι ὑμᾶς οὐκ οἴομαι. ἀλλ' εὖ οἶδα. Ἑται. Ἀεὶ ὅμοιος εἶ ὦ ἀπολλόδωρε. ἀεὶ
γὰρ σαυτόν τε κακηγορεῖς, καὶ τοὺς ἄλλους, καὶ δοκεῖς μοι ἀτεχνῶς πάντας ἀθλίους

《향연》 사본 첫 페이지

1513년 이탈리아 베네치아에서 발간된 《향연》 원문 사본 첫 페이지다.

아폴로도로스 저는 당신이 묻는 것에 답변할 준비가 되어 있다고 생각합니다. 엊그제 팔레론[4]에 있는 집에서 시내로 가는데, 지인 하나가 멀찍이서 저를 보고 농담 삼아 이렇게 불렀습니다. 172a

"오, 팔레론 사람이여! 이 사람 아폴로도로스여! 잠깐 기다려주시겠습니까?"

그래서 저는 가던 길을 멈추고 기다렸지요.

그가 말했습니다. "아폴로도로스여! 마침 당신을 찾고 있던 참이었습니다. 아가톤의 모임에 관해 물어보고 싶었거든요. 소크라테스와 알키비아데스 그리고 다른 이들이 함께한 만찬 모임 말입니다. 그 자리에서 그들이 사랑에 관해 어떤 이야기를 나누었는지 듣고 싶습니다. 어떤 사람이 필립포스의 아들 포이닉스에게 전해 듣고 저에게 이야기해주었습니다. 당신도 그때 일을 안다고요. 사실 그는 그날 일에 관해 분명하게 말해준 게 아무것도 없습니다. 그러니 당신이 직접 말씀해주세요. 당신이야말로 마땅히 동료[5]의 말을 잘 전해줄 분이니까요. 우선 당신도 그 모임에 참석했는지부터 말씀해 172b

4 아테나이의 옛 항구로 아테나이에서 3킬로미터가량 남서쪽에 있었다.

5 소크라테스.

주세요."

제가 이렇게 답했습니다. "당신에게 이야기를 전해준 사람은 정말이지 분명하게 말한 게 하나도 없는 것 같네요. 당신이 질문하시는 그 모임이 최근에 열려서 저도 거기에 참석했다고 생각하신다면 말입니다."

172c

그가 답했습니다. "예, 저는 그렇게 생각했습니다."

제가 말했습니다. "오, 글라우콘이여! 어떻게 그렇게 생각하실 수 있나요? 아가톤이 이곳을 떠난 게 벌써 여러 해 전임을 알지 못하시나요?[6] 또 제가 소크라테스 곁에서 날마다 그분의 말씀과 행동에 관심을 기울이고 살핀 건 3년도 못 됩니다. 그 이전에 저는 아무 곳이나 닥치는 대로 돌아다니면서 뭔가 대단한 일을 하고 있다고 여겼습니다. 지금 당신처럼 그 누구보다 비참한 처지였는데도 말입니다. 그때 저는 지혜를 사랑하는[7] 일이 아닌 다른 일이라면 무엇이든 해야겠다고 생각했으니까요."

173a

그가 말했습니다. "놀리지 마시고 그 모임이 언제 있었는지 말씀해주세요."

6 아가톤은 기원전 411~405년 사이에 아테나이를 떠나 마케도니아로 간 듯하다.

7 philosophein: 철학함.

제가 답했습니다. "우리가 아직 아이였을 때입니다. 그러니까 아가톤이 자신의 첫 비극으로 우승했던 때[8]이지요. 아가톤과 가무 단원들이 우승을 축하하고자 희생 제사를 드린 다음 날이었습니다."

그가 말했습니다. "그렇다면 아주 오래전 일인 것 같네요. 그런데 누가 당신에게 그 모임 이야기를 해주었나요? 소크라테스가 직접 들려주었나요?"

173b

제가 말했습니다. "제우스께 맹세컨대, 아닙니다. 포이닉스에게 이야기해준 바로 그분입니다. 그는 퀴다테나이온[9] 출신 아리스토데모스인데, 왜소하고 늘 맨발로 다녔습니다. 그가 그 모임에 참석했는데, 제 생각에 당시 소크라테스를 열렬히 사랑하던 자[10]들 중 하나였습니다. 그에게서 들은 이야기 몇 가지를 나중에 소크라테스께 여쭈어보았더니, 아리스토데모스의 말이 사실이라고 확인해주셨습니다."

그가 말했습니다. "그렇다면 그날의 일을 제게 이야기해주시겠습니까? 어쨌든 시내로 가는 길이 동행하면서 대화하기에 편하니까요."

8 기원전 416년 이른 봄. 이때 플라톤은 아직 어린아이였다.

9 아테나이 성벽 안쪽 지역으로, 아리스토파네스는 그곳 출신이었다.

10 erastēs: 추종자.

그의 제안대로 우리는 함께 걸으면서 이야기를 나누었습니다. 그래서 서두에 말씀드렸듯이 저는 그날 일에 관해 말씀드릴 만반의 준비가 되어 있습니다. 여러분에게도 이야기해 드려야 한다면 그렇게 해야겠지요. 저는 제 자신이 말하든 다른 사람이 말하든 지혜 사랑[11]에 관한 이야기를 들을 때면 너무나 기쁩니다. 그것이 제게 유익이 된다는 생각을 떠나서 말입니다.

173c

그러나 다른 이야기를 들을 때, 특히 부유하고 돈 잘 버는 여러분의 이야기를 들을 때는 짜증 나고 동료인 여러분을 측은히 여깁니다. 왜냐하면 여러분은 아무것도 아닌 일을 하면서도 뭔가 대단한 일을 하고 있다고 여기니까요. 여러분은 이런 저를 불행한 사람이라고 생각하실 겁니다. 여러분의 생각이 옳습니다. 하지만 저는 그저 여러분이 불행하다고 생각하는 정도가 아니라 불행하다고 확신합니다.

173d

동료 오, 아폴로도로스여! 당신은 한결같은 분이시군요. 늘 자신과 다른 이들을 비방하시니까요. 당신은 소크라테스를 제외하고 당신 자신을 비롯해서 그야말로 모든 이가 비참하다고 여기시는 것 같습니다. 이런 당신이 어떻게 '유약한 자'라는

11 philosophia: 철학.

별명을 얻었는지 저로서는 알기 어렵습니다. 늘 말씀하실 때 소크라테스를 제외하고 당신 자신과 다른 사람들에게 이런 식으로 사납게 구시니까요.

아폴로도로스 오, 친애하는 사람이여! 그러니까 제가 완전히 미쳤고 제정신이 아니어서 제 자신과 여러분을 이렇게 생각한다는 말이겠군요? 173e

동료 아폴로도로스여! 지금 이 문제로 다투는 건 의미가 없습니다. 그러니 다른 말은 하지 말고, 우리가 당신에게 부탁한 대로 그날 모임에서 무슨 말이 오갔는지 알려주세요.

아폴로도로스 그날 다음과 같은 말이 오갔습니다. 아리스토데모스에게 들은 대로 여러분에게 처음부터 다 들려드리겠습니다. 174a

아리스토데모스는 소크라테스를 우연히 만났다고 했습니다. 소크라테스는 평소와 달리 말끔하게 목욕을 하고 신발도 신은 모습이었답니다. 이는 그분께서 좀처럼 하지 않는 일이었습니다. 그래서 아리스토데모스는 이렇게 아름답게 차리고서 어디를 가시느냐고 물었습니다.

그러자 소크라테스가 답했습니다. "아가톤의 집에 저녁을 먹으러 갑니다. 어제 우승 기념 축하연은 사람이 너무 많아서 피했거든요. 하지만 오늘은 참석하겠다고 약속했습니다. 그래서 이렇게 멋을 냈습니다. 아름다운 모습으로 아름다운 사람에게 가려고요. 당신은 어떠신가요? 초대받지 않았지만 만찬에 갈 생각이 있습니까?"

174b

"당신 뜻대로 따르겠습니다."

"그렇다면 따라오세요. 옛 속담을 바꾸어서 이렇게 말하면서 말입니다. '훌륭한 자는 훌륭한 자의 연회에 자진해서 간다.'[12] 호메로스는 이 속담을 훼손했을뿐더러 모욕을 가하기까지 했습니다. 그는 아가멤논을 전쟁에서 특출나게 훌륭한 전사로, 메넬라오스를 유약한 창병으로 만들었습니다.[13] 그러고는 아가멤논이 제사를 지내면서 연회를 베풀었을 때[14] 초대받지 않은 메넬라오스가 연회에 참석했다고 묘사했습니다. 열등한 자가 더 나은 자의 연회에 참석한 것으로 말입니다."

174c

아리스토데모스는 이 말을 듣고 이렇게 답했습니다. "오, 소크라테스여! 아마도 제 경우는 당신의 말씀보다는 호메로스의 묘사에 더 가까운 듯해 걱정이 듭니다. 형편없는 자가

12 본래 속담은 '훌륭한 자는 초대받지 않더라도 자신보다 못한 이의 연회에 간다'였다. 소크라테스는 아가톤의 연회를 agathos(훌륭한 자)의 연회로 패러디하고 있다.

13 《일리아스》 17.587-8.

14 《일리아스》 2.408.

초대받지도 않았는데 지혜로운 사람의 연회에 가는 것이지요. 그러니까 저를 데리고 가시면서 어떻게 변명하실지 생각해보세요. 왜냐하면 저는 초대받지 않고 왔다고 하지 않고 당신 초대로 왔다고 할 테니까요." 174d

소크라테스가 답했습니다. "우리가 함께 길을 가면서 뭐라고 말할지 계획을 세워봅시다. 자, 갑시다!"

두 사람은 이런 말을 주고받은 뒤 걸어갔습니다. 그런데 도중에 소크라테스가 뭔가를 골똘히 생각하면서 뒤처졌습니다. 아리스토데모스가 기다리자 소크라테스는 그에게 먼저 가라고 했습니다.

아가톤의 집에 이르렀을 때, 아리스토데모스는 문이 열려 있는 것을 발견했습니다. 그는 거기서 우스꽝스러운 일을 겪었다고 합니다. 안에서 하인[15] 하나가 재빨리 나와서 그를 맞이하더니 다른 이들이 자리 잡은 곳으로 안내했습니다. 그들은 막 만찬을 시작하려던 참이었습니다. 174e

아가톤은 아리스토데모스를 보자마자 말했습니다. "오, 아리스토데모스여! 식사 시간에 때맞춰 오셨군요. 다른 용무로 오셨다면 다음으로 미루세요. 어제도 당신을 초대하려고 찾

15 pais: 노예 소년.

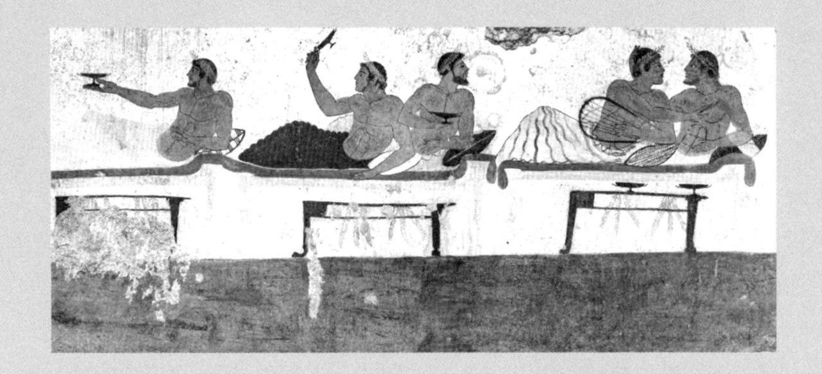

향연 모습

향연 풍습은 기원전 8세기 무렵 시작되었다. 귀족 남성들의 사적 모임이었으며, 적게는 3명에서 많게는 15명까지 모여 술을 마시고 대화를 나누었다. 이탈리아 파에스트룸 유적에서 발견된 프레스코 벽화. 기원전 480~470년경.

아다녔지만 못 만났거든요. 그런데 어째서 소크라테스를 모시고 오지 않으셨나요?"

그제야 아리스토데모스가 돌아보니 뒤따라오던 소크라테스가 아무 데도 보이지 않았습니다. 그래서 아리스토데모스는 소크라테스와 함께 왔고, 그의 초대로 이곳 만찬에 왔노라고 말했습니다.

아가톤이 말했습니다. "잘하셨습니다. 그런데 그분은 어디 계시지요?"

"조금 전까지도 제 뒤에서 이곳으로 오고 계셨습니다. 저도 그분이 어디 계시는지 궁금합니다." 175a

아가톤이 하인에게 말했습니다. "얘야, 당장 가서 소크라테스를 찾아서 안으로 모시거라." 그러더니 말을 이었습니다. "아리스토데모스 당신은 에뤽시마코스 옆에 자리하세요."

아리스토데모스가 자리에 앉을 수 있게 하인이 그를 씻어주었습니다. 이때 다른 하인이 와서 말했습니다. "소크라테스께서 오시긴 했는데 이웃집 현관으로 피신해서 거기 서 계십니다. 제가 불렀는데도 안으로 들어오려 하지 않으십니다."

아가톤이 말했습니다. "이상하구나. 그분을 다시 부르도록 해라. 그곳에 서 계시다 그대로 가시게 하지 말고."

그러자 아리스토데모스가 말했습니다. "그러지 말고 그냥 175b

내버려두세요. 그건 그분의 습관 중 하나이니까요. 어느 때는 가능한 한 멀리 피해서 가만히 서 계시기도 합니다. 제가 생각하기에 그분은 곧 오실 겁니다. 그러니 귀찮게 하지 마시고 내버려두세요."

"당신이 그리 말씀하신다면 그렇게 해야겠지요." 아가톤이 말을 이었습니다. "오, 하인들이여! 자네들은 나머지 분들을 대접하도록 하게. 자네들을 감독할 사람이 아무도 없을 테니(나도 감독을 해본 적이 없네), 자네들이 원하는 대로 식탁에 올리게. 이제 자네들이 나와 여기 계신 다른 분들을 만찬에 초대했다고 생각하고 대접해주게. 자네들을 우리가 칭찬하도록 말이네."

175c

그러고 나서 그들은 식사를 하기 시작했습니다. 하지만 여전히 소크라테스는 들어오지 않았습니다. 아가톤은 여러 차례 소크라테스를 부르러 사람을 보내려고 했지만 아리스토데모스가 그때마다 말렸습니다. 결국 소크라테스가 왔습니다. 여느 때처럼 오래 지체하지 않고 말입니다. 만찬에 참석한 이들은 반쯤 식사를 마친 참이었습니다.

맨 끝에 홀로 기대어 앉아 있던 아가톤이 이렇게 말했습니다. "소크라테스여! 이리 오셔서 제 곁에 앉으세요. 당신과 접촉하면서 이웃집 현관에서 당신께 떠오른 지혜를 저도 누릴

175d

수 있도록 말입니다. 분명 당신은 해답을 발견해서 가지고 계실 겁니다. 그렇지 않다면 해답 찾는 일을 멈추지 않으셨을 테니까요."

그의 말대로 소크라테스가 앉으면서 말했습니다. "오, 아가톤이여! 잔 속의 물이 털실을 따라 더 가득 찬 잔에서 더 빈 잔으로 흐르듯, 우리가 서로 접촉할 때 지혜가 더 가득한 자에게서 더 빈 자에게로 흐른다면 정말 좋은 일이겠지요. 지혜가 그런 거라면 저는 당신 곁에 앉는 걸 귀히 여길 겁니다. (175e) 왜냐하면 당신에게서 나오는 수많은 아름다운 지혜가 저를 채울 테니까요. 제가 가진 지혜는 하찮고 꿈처럼 의심스럽습니다. 반면에 당신의 지혜는 광채가 나고 성장 가능성이 큽니다. 당신은 아직 젊은데도 엊그제 3만여 명의 그리스 사람들이 증인으로 지켜보는 가운데 당신의 지혜를 찬란하게 빛냈다는 사실이 이를 입증하지요."

아가톤이 말했습니다. "지나친 말씀입니다, 오, 소크라테스여! 지혜에 관해서는 잠시 후 디오뉘소스[16]를 배심원으로 삼아 우열을 가리기로 하고 지금은 만찬에 집중해주세요."

16 술의 신이자 연극을 주관하는 신이며, 아가톤은 비극 경연대회에서 우승했다. 지혜에 대한 소크라테스와 아가톤의 경연은 199c-201c에 나온다.

176a 아리스토데모스가 말하길, 그 후 소크라테스는 침상에 기대앉아 다른 사람들과 식사를 했습니다. 그리고 헌주하고 신을 찬미하는 노래를 하는 등 의례적인 일들을 행한 다음에 술을 마시기 시작했습니다.

파우사니아스가 먼저 다음과 같이 말했습니다. "사람들이여! 어떻게 해야 술을 가장 쉽게 마실 수 있을까요? 저는 어제 마신 술 때문에 사실 아주 힘들어서 휴식이 좀 필요합니다. 제 생각에 여러분도 대부분 그러실 겁니다. 어제 여기 함께 계셨으니까요. 그러니까 어떻게 해야 가장 쉽게 술을 마실 수 있는지 생각해보세요." 176b

그러자 아리스토파네스가 답했습니다. "잘 말씀하셨습니다, 오, 파우사니아스여! 무슨 수를 써서든 술을 쉽게 마실 방법을 마련하자고 하시니 말이지요. 저도 어제 술에 절었던 사람들 중 한 명이니까요."

아쿠메노스의 아들 에뤽시마코스가 두 사람의 이야기를 듣고 이렇게 말했습니다. "좋은 말씀입니다. 하지만 여러분 중 한 사람, 즉 아가톤에게 술을 얼마나 더 마실 수 있는지 묻고 싶습니다."

아가톤이 말했습니다. "저는 더 이상 술을 마실 생각이 없습니다."

에뤽시마코스가 말했습니다. "우리에게는 다행스러운 일인 것 같군요. 저와 아리스토데모스와 파이드로스 그리고 여기 계신 다른 이들께도 말입니다. 가장 술이 센 당신들이 이제 더 못 마시겠다고 하시니 말입니다. 우리는 늘 술에 약하니까요. 소크라테스는 논외로 하겠습니다. 그분은 양쪽 다 능하셔서 우리가 뭘 하든 만족하실 테니까요. 176c

제 생각에는 여기 계신 분들 중 누구도 술을 많이 마시는 걸 간절히 원하지 않으시는 듯하니, 아마도 제가 술에 취한다는 게 어떤 건지 진실을 말해도 인심을 잃지 않겠네요. 제가 의사로 일하면서 술에 취하면 힘들다는 걸 깨달았습니다. 그래서 저는 과음하지 않으려 하고 다른 이에게도 과음을 권고하지 않습니다. 특히 전날의 음주로 숙취에 시달리는 사람에게는 말입니다." 176d

아리스토데모스에 따르면, 이때 뮈리누스 출신 파이드로스가 끼어들었습니다. "저로 말하자면 당신 말씀에 늘 순종합니다. 특히 당신이 의술에 관해 뭔가 말씀하실 때면 말입니다. 지금은 다른 분들도 그렇게 할 겁니다. 그들이 잘 생각해 본다면 말입니다."

그 말을 듣고 사람들은 이날의 모임을 술판으로 만들기보다는 즐길 만큼만 마시자는 데 동의했다고 합니다. 176e

에뤽시마코스가 말했습니다. "이제 술을 각자가 원하는 만큼만 마시고 강권하지 않기로 했으니, 제가 한 가지 제안을 하겠습니다. 지금 막 들어온 피리 부는 소녀에 관해서 말입니다. 이 소녀를 내보내서 혼자 피리를 불게 하거나, 혹시 원한다면 집 안에 있는 여인들을 위해 연주하라고 합시다. 그리고 오늘 우리는 이야기를 나누면서 시간을 보내도록 합시다. 여러분이 원하신다면 제가 무슨 이야기를 나눌지 제안하고 싶습니다."

177a

모두가 그렇게 하라고 했습니다. 그러자 에뤽시마코스가 말했습니다. "제가 말씀드리려는 바를 에우리피데스의 《멜라니페》[17]를 인용하면서 시작해보겠습니다. 제가 드릴 말씀은 '제 이야기가 아니라' 여기 계신 파이드로스의 이야기이니까요. 그는 매번 저에게 이렇게 불평했습니다. '오, 에뤽시마코스여! 놀랍지 않습니까? 다른 신들에 대해서는 시인들이 송가와 찬가를 짓는데, 이제껏 살았던 그 많은 시인 중 단 한 사람도 에로스에 관해서는 찬시를 지은 적이 없다는 사실이요.

17 에우리피데스의 비극《멜라니페》는 현존하지 않는다. 하지만 여기서 인용된 구절은 다음과 같다. "이 이야기는 나 자신의 이야기가 아니라 어머니에게서 들은 이야기입니다."

피리 부는 소녀와 향연 참석자들

피리 부는 소녀가 향연 참석자들에게 음악을 들려주고 있다. 참석자들은 머리에 월계수 화관을 쓰고 술 게임의 일종인 코타보스Kottabos 놀이를 하고 있다. 기원전 420년경 제작된 술 항아리 그림.

177b 에로스는 그토록 오래되고 대단한 신인데 말입니다. 유능한 소피스테스들도 헤라클레스와 다른 영웅들을 찬양하는 산문을 씁니다. 가장 훌륭한 프로디코스[18]가 그랬듯이 말입니다. 이것은 놀라운 일도 아니지요.

그런데 저는 일전에 지혜로운 사람이 썼다는 책을 우연히 봤습니다. 그 책은 소금을 엄청나게 찬양하더군요. 소금은 유용하니까요. 이와 유사한 대상들을 찬미하는 것을 당신도 종종 보셨을 겁니다. 이런 것들에는 사람들이 그토록 열의를 보이면서도 에로스에 대해서는 이제까지 어떤 사람도 그 이름에 걸맞은 찬사를 하지 않았다고 생각해보세요. 이토록 위대한 신이 이렇듯 철저히 외면당했던 겁니다.'

177c

지금 와서 생각해보니 파이드로스의 말이 맞는 것 같습니다. 그래서 저는 이에 뭔가 기여해서 그를 기쁘게 하고 싶습니다. 동시에 여기 참석한 우리가 그 신을 영예롭게 해야 마땅하다고 생각합니다. 그러니 여러분도 저와 같은 생각이라면, 에로스를 찬양하면서 시간을 보낼 수 있을 겁니다. 왼쪽에서 시작해서 오른쪽 방향으로 돌아가며 에로스를 가능한

177d

18 케오스 출신 소피스테스로, 소크라테스도 그의 몇몇 강의를 들었다. 이른바 '헤라클레스의 선택(청년 헤라클레스가 악의 길을 갈 것인지 덕의 길을 갈 것인지 고민하는 이야기)'이라는 우화로 유명하다.

헤라클레스의 선택

안니발레 카라치Annibale Carracci의 작품이다(1596). 청년 헤라클레스(그림 중앙)가 덕의 길과 악의 길 사이에서 고민하고 있다. 그림 오른쪽의 악은 향락을 약속하지만 그 길은 기만(오른쪽 하단의 가면)과 죽음(오른쪽 하단의 관)으로 귀결된다. 반면 덕이 가리키는 길은 가파른 비탈길이지만 그 위에는 산성(왼쪽 상단)이 있다.

한 가장 아름답게 이야기하되, 파이드로스께서 먼저 시작하셔야겠습니다. 첫 번째 자리에 앉아 계시고 이 이야기의 아버지[19]이기도 하니 말입니다."

그러자 소크라테스가 말했습니다. "오, 에뤽시마코스여! 당신 말씀에 아무도 반대표를 던지지 않을 겁니다. 저도 반대하지 않겠습니다. 왜냐하면 저는 에로스에 관한 것[20] 말고는 아는 게 전혀 없다고 주장하는 사람이니까요. 아가톤과 파우사니아스도 마찬가지고, 아리스토파네스도 디오뉘소스와 아프로디테에 몰두해 있어서[21] 그러지 못할 겁니다. 사실 지금 제 앞에 계신 다른 분들도 마찬가지입니다. 하지만 끝에 앉은 우리에게는 [발언 순서가] 공정하지 않습니다. 물론 앞서 발언하는 분들이 충분히 훌륭하게 말씀하신다면 우리도 만족하겠지요. 그러니까 파이드로스께서 먼저 에로스를 찬미하는 말씀을 해주세요. 그에게 행운이 함께하기를 기원합니다."

177e

그러자 다른 모든 사람이 이에 동의했고, 소크라테스처럼 파이드로스에게 발언을 하라고 재촉했습니다. 그런데 아리스

178a

19 에로스에 대한 찬양을 처음으로 제안했다.

20 ta erotika.

21 소크라테스는 아리스토파네스의 비극이 음주(디오뉘소스)와 섹스(아프로디테) 때문이라고 치부한다.

토데모스는 이때 각 발언자가 한 말을 모두 기억하지 못했습니다. 저[22]도 그[23]가 저에게 말해준 것을 다 기억하지 못합니다. 그래서 그가 가장 잘 말해준 것들 그리고 가장 기억할 만하다고 생각되는 발언을 여러분에게 전하겠습니다. 각 발언을 차례대로 말입니다.

22 대화편의 화자인 아폴로도로스.

23 아리스토데모스.

모든 사랑이 아름답게 찬양받아야
마땅한 것은 아닙니다
우리를 아름답게 사랑하도록
추동하는 에로스만이
아름답고 찬양받을 가치가 있습니다

아리스토데모스에 따르면, 처음에 파이드로스가 대체로 다음과 같은 취지로 발언을 시작했다고 합니다. 에로스는 사람들과 신들 가운데 가장 위대하고 놀라운 신인데, 여러 면에서 그렇지만 특히 그 출생 덕분에 더욱 그렇다는 겁니다. 파이드로스가 계속 말했습니다. "에로스는 가장 오래된 신들 중 하나이기에 존경을 받습니다. 그 증거는 다음과 같습니다. 에로스에게는 부모가 없는데, 어떤 산문작가나 시인도 에로스의 부모를 말한 적이 없습니다. 헤시오도스는 최초에 카오스[24]가 생겨났다고 말합니다.

178b

> 그다음에 넓은 품을 가진 대지가 생겨났습니다. 만물의 영원히 확고한 기초로서 말입니다. 그리고 에로스가 생겨났습니다.[25]

아쿠실라오스도 헤시오도스의 말에 동의하면서 카오스 다음에 둘, 즉 대지[26]와 에로스가 생겨났다고 말합니다. 파르메니데스도 모든 신 중 처음으로 에로스가 만들어졌다고

24 거대한 틈(블랙홀과 유사).

25 헤시오도스, 《신들의 계보》 116, 117, 120.

26 가이아 또는 게(Gē).

합니다.[27]

이처럼 에로스가 가장 오래된 신이라는 데 그럭저럭 동의 하고 있습니다. 그리고 에로스는 가장 오래되었기에 우리 인간에게 가장 좋은 것들을 가져다주는 원천입니다. 저는 아주 젊은 사람에게 유덕한 사랑하는 자보다 더 좋은 게 있는지 말할 수 없습니다. 또 유덕한 소년[28]보다 사랑하는 자에게 더 좋은 게 있을지도 말할 수 없습니다. 일생 동안 세상을 아름답게 살고 싶어 하는 사람들의 정서를 에로스만큼 아름답게 만들어줄 수 있는 것도 없기 때문입니다. 혈연관계나 명예, 부 등 다른 어떤 것도 말입니다. 제가 어떤 정서를 염두에 두고 이렇게 말할까요? 수치스러운 것[29]을 수치로 여기고 아름다운 것을 존중하는 것입니다. 이런 정서가 없다면 폴리스나 개인이 위대하고 아름다운 일을 성취할 수 없으니까요.

178c

178d

따라서 저는 이렇게 주장하겠습니다. 사랑에 빠진 사람이 수치스러운 일을 하거나, 수치스러운 일을 당하면서도 비겁해서 스스로를 방어하지 않다가 발각되면, 아버지나 동료나

27 파르메니데스의 단편 132.

28 paidika: 사랑받는 소년.

29 aischron은 '추한 것', '수치스러운 것'을 의미한다. 《향연》에서 두 의미는 혼용되고 있다.

다른 어떤 사람보다 연인[30]에게 발각되는 게 더 고통스러울 거라고요.

178e 우리는 이와 같은 현상을 사랑받는 자[31]에게서도 목격합니다. 즉, 그는 수치스러운 일에 연루되었다가 발각될 때, 특히 자신을 사랑하는 자에게 수치를 느낍니다. 만약 폴리스나 군대가 사랑하는 자와 사랑받는 소년으로 구성된다면, 수치스러운 모든 것을 삼가고 명예를 얻기 위해 서로 경쟁하고 그 179a 리하여 더욱 잘 다스려지겠지요. 그래서 이들이 함께 싸우게 되면 설령 수적으로 부족하더라도 모든 사람을 이길 겁니다. 사랑하는 사람은 자신이 대오를 이탈하거나 무기를 내던지는 모습을 다른 사람들보다 연인[32]이 목격하는 걸 가장 꺼릴 테니까요.

그는 그런 모습을 보이느니 차라리 여러 번 죽는 걸 택할 겁니다. 연인[33]을 내버려두거나 위험에 처한 연인을 돕지 않는 일을 생각해보면, 에로스가 용맹함[34]을 불어넣어 본성상

30 paidika: 사랑받는 소년.

31 erōmenon: paidika와 같은 의미로 사용된다.

32 paidika: 사랑받는 소년.

33 paidika: 사랑받는 소년.

34 aretē: 호메로스 시대에는 이 단어가 '용맹함'을 뜻했으나 고전기에는 주로 '탁월함', '덕'이라는 의미로 사용되었다.

가장 용맹한 자와 비슷하게 만들지 못할 정도로 형편없는[35] 사람은 없으니까요. 호메로스는 신이 몇몇 영웅들에게 힘을 불어넣었다[36]고 묘사했는데, 이것이 에로스가 사랑하는 자들에게 제공하는 것입니다. 179b

또한 오직 사랑하는 사람만이 누군가를 위해 죽을 각오가 되어 있습니다. 남성뿐만 아니라 여성도 말입니다. 펠리아스의 딸 알케스티스가 그리스 사람들에게 저의 이 주장이 맞다는 충분한 증거를 제공합니다. 그녀는 자기 남편을 위해 죽기를 자청한 유일한 인물이었습니다. 비록 남편의 아버지와 어머니가 아직 살아 있었지만 말입니다. 남편을 향한 그녀의 사랑이 부모의 자식 친애[37]를 능가했기에, 마치 시부모가 남편에게 이방인이고 이름만 친족인 것처럼 보이게 했습니다. 179c

그녀가 남편을 위해 스스로 목숨을 포기했을 때, 사람들은 물론 신들에게도 아름다운 일로 보였습니다. 그래서 신들은 그녀의 영혼을 저세상에서 이승으로 돌려보냈습니다. 이

35 kakos: 나쁜, 비겁한.

36 《일리아스》 20.110에는 아폴론이 아이네이아스에게 힘을 불어넣는 장면이 나온다.

37 philia: 보통 '우정'으로 번역되지만, 가족끼리의 사랑을 뜻하기도 한다.

런 특권은 수없이 많은 아름다운 일을 행한 수많은 사람 중에서도 극소수에게만 허락되었습니다. 신들은 그녀의 행위에 경의를 표했기에 그녀의 영혼을 되살렸던 것입니다. 이처럼 신들도 사랑에서 비롯한 열성과 용감함[38]을 특히 높이 샀습니다.

179d

하지만 신들은 오이아그로스의 아들 오르페우스는 빈손으로 저세상에서 이승으로 돌려보냈습니다. 신들은 오르페우스가 유약하다고 생각했기에, 그가 구하러 간 아내의 환영만 보여주고 그녀 자신은 돌려주지 않았지요. 그는 단지 키타라 연주자였을 뿐 알케스티스처럼 사랑을 위해 죽으려 하지 않았습니다. 그 대신 그는 살아서 저세상으로 들어가려고 궁리했습니다. 그래서 신들은 벌을 내려 그가 여인들의 손에 죽게 했습니다.

179e

반면에 신들은 테티스의 아들 아킬레우스를 존중했습니다. 그래서 축복받은 자들의 섬[39]으로 보냈습니다. 아킬레우스는 헥토르를 죽이면 자신 또한 죽게 되겠지만, 헥토르를 죽이지 않으면 집에 돌아가 늙어 죽게 될 것이라고 어머니에게

38 aretē: 덕.

39 그리스 서쪽 끝에 있는 전설상의 섬이다. 영웅들 중 일부가 사후에 저세상(하데스)에 가지 않고 이곳에서 축복받은 삶을 산다고 알려져 있다.

아킬레우스를 위해 갑옷을 만드는 헤파이스토스

헤파이스토스와 두 조수가 아킬레우스를 위해 갑옷과 무기를 만들고 있다. 그 모습을 아킬레우스의 어머니인 테티스 여신이 지켜보고 있다. 폼페이의 프레스코화.

서 들었습니다. 그런데도 연인 파트로클로스[40]를 위해 복수 180a 를 선택했습니다. 그리고 마침내 복수를 하고 그를 위해 죽었을뿐더러 죽은 자를 따라 죽었습니다. 신들은 이에 경탄해서 아킬레우스를 특별히 영예롭게 여겼습니다. 그[41]가 자신을 사랑하는 자[42]를 그토록 귀히 여겼으니까요.

그런데 아이스퀼로스는 아킬레우스가 파트로클로스를 사랑했다고 주장했습니다. 아킬레우스가 파트로클로스뿐만 아니라 다른 모든 영웅들보다 훨씬 아름다웠고 아직 수염도 나지 않았으며, 호메로스에 따르면 훨씬 젊은 사람이었으니 말입니다.[43] 사실 신들은 사랑과 관련된 탁월함을 영예롭게 여겼지만, 180b 사랑하는 자가 사랑받는 소년에게 애정을 가질 때보다 사랑받는 자가 자신을 사랑하는 자에게 애정을 가질 때 훨씬 더 경탄하고 기뻐하며 대접해줍니다. 왜냐하면 사랑하는 자는 자신 안에 신이 깃들어 있어 사랑받는 자보다 더 신

40 《일리아스》에는 아킬레우스와 파트로클로스가 연인 관계로 묘사되지 않는다. 하지만 아이스퀼로스의 《뮈르미돈 사람들》에는 두 사람이 연인으로 나온다.

41 아킬레우스.

42 파트로클로스.

43 《일리아스》 2.673, 11.786-7. 아이스퀼로스는 아킬레우스가 파트로클로스를 사랑했다고 묘사하지만, 오히려 아킬레우스가 연하의 미소년이었으므로 파트로클로스가 사랑하는 자이고 아킬레우스는 사랑받는 소년이었다고 주장한다.

적이니까요. 이 때문에 신들도 알케스티스보다 아킬레우스를 더 영예롭게 여겼고, 그를 축복받은 자들의 섬으로 보냈던 것이지요.

이런 이유로 저는 에로스가 신들 가운데 가장 오래되고, 가장 존경스러우며, 살아 있든 죽었든 사람에게 탁월함과 행복을 얻게 해주는 가장 권위 있는 신이라고 말씀드립니다."

아리스토데모스에 따르면, 파이드로스가 대체로 이렇게 말했고 다음에 몇 사람이 더 발언했는데 정확히 기억하지 못한다고 합니다. 그래서 아리스토데모스는 이들을 건너뛰고 파우사니아스의 이야기를 자세히 들려주었습니다. 파우사니아스는 다음과 같이 말했다고 합니다. 180c

"오, 파이드로스여! 제가 보기에는 우리의 논의가 아름답게 제시되지 않은 것 같습니다. 이렇게 단순히 에로스에 대해 찬양하도록 정한 것 말입니다. 만약 에로스가 하나밖에 없다면 이렇게 하는 것도 좋겠지만, 사실은 하나가 아니니까요. 에로스가 하나가 아니니, 우선 어느 에로스를 칭송해야 할지부터 정하는 게 옳습니다. 그래서 저는 이를 바로잡고자 합니다. 먼저 어느 에로스를 칭송해야 할지를 밝히고, 다음으로 그 신에게 합당한 방식으로 칭송해보겠습니다. 180d

우리 모두는 에로스 없이는 아프로디테도 없다는 사실을 알고 있습니다. 그러니 아프로디테가 하나라면 에로스도 하나뿐이겠지요. 그런데 아프로디테가 둘이므로 에로스도 둘이어야 합니다. 어떻게 아프로디테 여신이 둘이냐고요? 둘 중 하나는 더 오래된 신으로, 우라노스의 딸이며 어머니 없이 태어났습니다. 우리는 그녀를 '천상[44]의 아프로디테'라고 부릅니다. 다른 하나는 더 젊은데, 제우스와 디오네 사이의 자식이며, 우리는 그녀를 '범속[45]의 아프로디테'라고 부릅니다. 따라서 후자의 아프로디테와 함께하는 에로스는 '범속의 에로스', 다른 하나는 '천상의 에로스'라고 불러야겠지요.

180e

물론 우리는 모든 신을 찬양해야 합니다. 하지만 지금은 두 에로스가 어떤 일을 맡았는지 말씀드리려고 합니다. 왜냐하면 모든 행위는 그 자체로는 아름답지도 추하지도 않기 때문입니다. 가령 우리가 지금 행하는 것, 즉 마시고 노래하고 이야기하는 것을 예로 들어봅시다. 이 중 그 어떤 행위도 그 자체로 아름답지 않습니다. 어떻게 행해지느냐에 따라 그 행위가 아름다운지, 추한지가 판가름 납니다. 아름답고 올바르

181a

44 ourania. 천상의 아프로디테는 크로노스가 우라노스의 성기를 거세했을 때 그 거품 속에서 탄생한 신이다.

45 pandēmos.

게 행해지면 아름다운 것이 되고, 올바르지 않게 행해지면 추한 것이 된다는 말입니다. 사랑함과 에로스도 마찬가지입니다. 모든 사랑이 아름답게 찬양받아야 마땅한 것은 아닙니다. 우리를 아름답게 사랑하도록 추동하는 에로스만이 아름답고 찬양받을 가치가 있습니다.

그런데 범속의 아프로디테에 속하는 에로스는 진실로 속되며 닥치는 대로 행하려 합니다. 이는 형편없는 사람들이 사랑하는 방식이지요. 이런 사람들은 소년을 사랑하는 것 못지않게 여인도 사랑합니다. 또 이들은 자신이 사랑하는 사람의 영혼보다 몸을 더 사랑합니다. 더구나 이들은 할 수 있는 한 가장 멍청한 자를 사랑합니다. 왜냐하면 이들은 일을 치르는 것만 염두에 둘 뿐, 그 일이 아름답게 행해지는지 아닌지는 개의치 않기 때문입니다. 따라서 이들은 자신 앞에 놓인 것이 좋은 것이든 그 반대든 닥치는 대로 행합니다. 그 까닭은 범속의 에로스가 다른 아프로디테[46]보다 훨씬 젊고 태생적으로도 남성적 특성과 여성적 특성을 모두 나누어 가지는 여신[47]에게서 기인했기 때문입니다.

181b

181c

46 천상의 아프로디테.

47 즉, 범속의 아프로디테.

범속의 아프로디테

알몸의 아프로디테가 해변에서 염소 위에 앉아 있다. 그녀는 오른손에 장막을 들고 왼손으로는 염소 뿔을 잡고서, 반대 방향으로 날아가는 큐피드를 바라보고 있다. 아프로디테 오른쪽에는 손에 횃불을 든 사튀로스가 염소 수염을 잡고 길을 이끌고 있다. 샤를 클레르Charles Gleyre의 작품이다(1854). Collection Lingenauber, Monaco.

반면 천상의 아프로디테에 속하는 에로스는 여성적인 특성은 없고 오직 남성적 특성만을 나누어 가집니다. 이게 바로 소년에 대한 사랑입니다. 더욱이 더 오래되고 방자함이 없습니다. 따라서 이런 사랑에 고무된 사람은 남성에게 끌리며, 본성상 더 건강하고 더 지성적인 것을 사랑합니다.

우리는 소년을 사랑함에 있어서도 순수하게 천상의 에로스에 고취된 자들을 찾아볼 수 있습니다. 이들은 지성을 갖추기 시작한 소년만 사랑하는데, 소년의 수염이 나기 시작하는 시기와 일치합니다. 제가 생각하기에, 이때부터 소년을 사랑하는 사람은 일생 동안 함께 지내면서 삶을 공유할 준비가 되어 있습니다. 그리고 소년이 어려서 분별력이 없을 때 그를 연인으로 취한 후, 그를 기만하고 비웃으면서 다른 이에게로 줄행랑치지 않을 것입니다.

181d

어린 소년을 사랑하지 못하도록 금하는 법이 필요합니다. 불확실한 결과에 많은 열정을 쏟는 것을 막으려면 말입니다. 왜냐하면 어린 소년이 이르게 될 종착점이 어디인지, 즉 영혼과 육체의 악과 덕[48] 가운데 어디로 향할지 불분명하기 때문입니다. 물론 훌륭한 이들은 자기 자신을 위해서 자발적

181e

48 aretē: 탁월함.

으로 이런 규범을 세웁니다. 하지만 범속의 사랑을 하는 자들에게도 이와 유사한 규제를 가해야 합니다. 마치 이들이 자유로운 신분의 여인을 사랑하지 못하도록 규제하는 것처럼 말입니다.[49]

182a 이들은 비난거리를 만들었으며, 자신을 사랑하는 자를 기쁘게 하는 건 수치스러운 일이라는 말이 나오도록 했습니다. 사람들은 이런 자들[50]을 주목하고 이들의 부적절함과 불의를 목도하면서 그런 말을 합니다. 왜냐하면 질서정연하고 합법적인 방식으로 행해진 일이라면 그게 무엇이든 비난받는 것은 마땅치 않을 테니까요.

더욱이 사랑에 관한 규범[51]이 다른 폴리스에서는 단순하게 182b 규정되어 있어 이해하기가 쉽지만, 이곳 아테나이와 라케다이몬[52]에서는 복잡합니다. 엘리스와 보이오티아 그리고 사람들이 말하기에 숙달이 되지 않은 곳에서는 단지 자신을 사랑하는 자를 기쁘게 하는 게 아름다운 일이라고 법으로 정하고

49 아테나이뿐만 아니라 그리스 전역에서는 노예가 아닌 여성은 아버지와 남편, 가까운 남성 친척의 보호하에 있었는데, 이들이 여성의 성적 활동을 엄격하게 제한했다.

50 범속의 사랑을 하는 자들.

51 nomos: 법률.

52 스파르타.

있습니다. 젊은이든 노인이든 아무도 이를 수치스러운 일이라고 말하지 않는 것이지요. 아마도 그곳 사람들이 말하는 데 무능해서 굳이 젊은이들을 말로 설득하려는 수고를 하지 않는 듯합니다.

하지만 이방인[53]의 지배를 받는 이오니아 대부분과 다른 많은 곳[54]에서는 관습적으로 이런 일[55]이 수치스럽게 받아들여집니다. 이방인들은 이런 일은 물론 지혜에 대한 사랑과 귐나시온[56]에서 행해지는 사랑도 추하다고 여기는데, 이는 그들의 참주제 때문입니다.[57] 제가 생각하기에, 다스림을 받는 자들 사이에 큰 뜻과 강한 우정[58] 그리고 결속—사랑은 다른 모든 것은 물론 이것을 심어주는 걸 기뻐합니다—이 생겨나는 게 통치자에게 이롭지 않을 테니까요. 아테나이의 참주들은 그것을 실제 경험으로 배웠습니다. 아리스토게이톤의 하

182c

53 페르시아.

54 이오니아와 소아시아 서안 지역은 기원전 386년 이후 페르시아 제국의 지배를 받았다.

55 사랑하는 자를 (성적으로) 기쁘게 하는 일.

56 체력 단련과 교육의 장소였지만 동성애와 아동 성애의 기회를 제공하기도 했다.

57 페르시아의 통치는 왕정이었던 반면, 기원전 5세기 이후 아테나이에서는 민주주의가 발전하면서 아테나이 사람들은 참주정(또는 왕정)에 반감을 가졌다.

58 여기서 우정philia은 동성애적 사랑까지 포괄하는 친애를 가리킨다.

르모디오스를 향한 사랑 그리고 하르모디오스의 굳건한 우정이 참주들의 통치를 종식시켰으니까요.[59]

이처럼 연인을 기쁘게 하는 게 수치스러운 일이라고 여겨지는 곳에서는 그 규범을 정한 자들의 악함, 즉 통치자들의 탐욕과 통치받는 자들의 비겁함 때문에 그런 상황에 놓이게 됩니다. 반대로 연인을 기쁘게 하는 것이 무조건 아름답다고 받아들여지는 곳에서는 그 규범을 정한 자들의 영혼이 나태하기 때문에 그런 상황에 놓이게 됩니다.

182d

그에 비해 여기 아테나이의 법률과 규범이 훨씬 더 아름답습니다만, 제가 말씀드린 것처럼 아테나이의 규범은 이해하기가 쉽지 않습니다. 이렇게 생각해보세요. 은밀한 사랑보다 공개적인 연애가 더 아름답다고 말합니다. 특히 가장 고결하고 훌륭한 사람을 사랑하는 경우는 더욱 아름답습니다. 설령 그가 남들보다 더 추하더라도 말입니다.

또 모든 이가 사랑하는 자에게 해주는 격려야말로 놀라운 일로 일컬어집니다. 그가 추한 일을 행하는 게 아니라는 격려 말입니다. 그리고 사랑하는 자가 사랑받는 소년의 마음을 얻

59 기원전 514년 하르모디오스와 그의 연인 아리스토게이톤이 아테나이의 참주 히피아스(페이시스트라토스의 아들)의 형제 히파르코스를 살해했다. 하지만 이 사건이 참주제를 종식시키기는커녕 오히려 참주 독재를 더 강화했다.

으면 아름다운 일이고, 그렇지 못하면 수치스러운 일로 여겨 182e
집니다. 사랑하는 자가 사랑받는 소년의 마음을 사로잡으려
는 시도에 관해서, 아테나이의 규범은 사랑하는 자가 놀라운
짓을 해도 찬양받을 수 있도록 허용했습니다. 그런데 누군가
가 이 목적[60]보다는 다른 의도로 그런 짓을 한다면 심한 비난 183a
을 받겠지요.

가령 어떤 사람이 누군가에게서 돈이나 관직, 권력 등을
바라고 사랑하는 자가 사랑받는 소년에게나 하는 짓을 한다
고 생각해보세요. 그에게 애원하고, 간청하고, 맹세하고, 문
앞에서 자고, 노예조차 하지 않을 하인 노릇을 기꺼이 감내하
는 것 말이지요. 그러면 친구든 적이든 그가 그렇게 행동하지
못하도록 막을 겁니다. 적은 그가 아부하면서 자유인답게 행 183b
하지 않는다고 비난할 것이고, 친구는 그를 훈계하면서 그의
행위를 수치스럽게 여기겠지요.

하지만 사랑하는 사람이 이 모든 일을 행할 때는 호의가
따라옵니다. 그리고 이런 일을 비난받지 않고 행하도록 법률
도 허용합니다. 이는 사랑하는 자가 아주 놀라운 일을 수행하
고 있다고 여기기 때문입니다. 무엇보다 사랑하는 자가 맹세

60 사랑받는 소년의 마음을 얻고자 함.

한 후 이를 어길 때 더욱 대단함이 느껴집니다. 많은 이는 말하길, 사랑하는 자가 맹세한 후 이를 어겼을 때에만 신들에게 용서를 받는다고 합니다. 왜냐하면 아프로디테에게 속하는 맹세는 없으니까요.[61] 그러니까 이곳 아테나이의 규범이 말해주듯, 신들과 사람들은 사랑하는 자에게 자유롭게 행할 권한을 허용해주었습니다. 그렇다면 이곳에서는 사랑하거나 사랑하는 자들에게 친구가 되는 일이 아주 아름다운 일로 간주된다고 할 수 있습니다.

183c

반면에 다음과 같은 일은 수치스럽게 여겨집니다. 아버지가 아들이 자신을 사랑하는 자와 대화하지 못하도록 가정교사[62]에게 살피게 하는 것입니다. 또 소년이 사랑하는 자를 만나는 것을 목격하고 소년의 동년배들과 친구들이 비난하고, 또 연장자들도 비난하는 자들을 막거나 옳지 않은 이야기라고 야단치지 않는다면 말입니다.

183d

하지만 서두에서 말씀드린 것처럼 사정은 그리 단순하지 않습니다. 즉, 그런 일을 행한다고[63] 그 자체로 아름답거나

61 사랑에 빠져서 한 맹세는 효력이 없음.

62 paidagōgos: 가정교사 혹은 아동 인도자. 이들의 주요한 역할은 주인의 어린 아들을 학교에 데리고 가는 것이었는데, 때로는 간단한 내용을 가르치거나 체벌하기도 했다.

63 사랑하는 자와 사랑받는 소년의 동성애적 사랑.

수치스럽다기보다는 아름답게 행해지면 아름답고 수치스럽게 행해지면 수치스럽다는 겁니다. 이때 나쁜 자를 나쁜 방식으로 기쁘게 하면 수치스러운 일이 되고, 유익한 자를 아름다운 방식으로 기쁘게 하면 아름다운 일이 됩니다.

또 나쁜 자는 범속한 사랑을 하는 자입니다. 영혼보다 몸을 사랑하는 자 말이지요. 그는 한결같지 않습니다. 그가 사랑하는 대상이 한결같지 않으니까요. 그는 자신이 사랑한 육체의 꽃이 시들자마자 쏜살같이 날아가버립니다. 자신이 쏟아낸 많은 말과 약속이 헛됨을 증명하는 것이지요. 183e

하지만 유덕한 품성을 사랑하는 자는 일생 동안 변함없습니다. 왜냐하면 그는 한결같음과 혼연일체가 되었기 때문입니다. 바로 이런 사람들[64]을 이곳 아테나이의 법률은 잘 그리고 훌륭하게 시험하고자 합니다. 그래서 어떤 이는 기쁘게 하고 다른 이는 기피하도록 합니다. 이 때문에 사랑하는 자는 [자신이 사랑하는 이를] 좇고 사랑받는 자는 피하도록 권합니다. 이런 시련과 시험을 통해 사랑하는 자와 사랑받는 자가 둘 중 어느 부류에 속하는지 보여주려는 것이지요. 184a

이러한 이유로 먼저 우리는 [사랑받는 자가 사랑하는 자에게] 너

64 사랑하는 자의 두 부류(육체를 사랑하는 자와 영혼을 사랑하는 자).

무 빨리 사로잡히면 이는 수치스러운 일로 여깁니다. 즉, 많은 것을 훌륭하게 시험하는 기준인 시간이 충분히 지나야 하기 때문입니다. 다음으로 우리는 사랑받는 자가 돈이나 정치 184b 권력에 사로잡힌다면 이 또한 수치스럽게 생각합니다. 그가 험한 일을 겪고 두려워서 못 버티고 굴복했든, 금전적 혹은 정치적 목적을 이루고자 친절을 제공받고 이를 경멸하면서도 거부하지 못했든 말입니다. 이런 특혜는 확고하거나 한결같다고 생각되지 않으니까요. 이것들로부터 진정한 우정이 생겨날 수 없다는 사실을 제외하면 말입니다.

따라서 우리 법에 따르면, 사랑받는 소년이 자신을 사랑하는 자를 아름답게 기쁘게 하는 길은 하나뿐입니다. 사랑하는 184c 자가 사랑받는 소년을 위해 어떤 하인 노릇이라도 기꺼이 감내한다면 이는 아부도, 비난받아 마땅한 일도 아닙니다. 이와 마찬가지로 이 경우에는 비난받지 않고 자발적으로 노예 노릇을 할 방법이 하나가 있는데, 바로 탁월함[65]을 목표로 한 노예 노릇입니다. 우리는 이렇게 생각합니다. 만일 누군가가 다른 이의 영향을 받아 지혜나 다른 탁월함에서 더 나아질 것이라고 믿고 그에게 자발적으로 봉사하고자 할 경우, 이런

65 aretē: 덕.

종류의 자발적 노예 노릇은 추한 것도 아부도 아니라고 말입니다.

따라서 두 규범, 즉 소년을 사랑함, 그리고 지혜에 대한 사랑이나 다른 탁월함은 동일한 대상 안에서 만나야 합니다. 184d
사랑받는 소년이 사랑하는 자를 기쁘게 하는 것이 아름다우려면 말입니다. 사랑하는 자와 사랑받는 소년이 만나되 각자 자신에게 걸맞은 규범을 가지고 있다고 생각해봅시다. 즉, 사랑하는 자는 자신을 기쁘게 한 소년에게 무슨 봉사를 하든 그 봉사가 정당하고, 사랑받는 소년은 자신을 지혜롭고 훌륭한 사람으로 만들어주는 자에게 무슨 봉사를 하든 그 봉사가 정당하다고 말입니다. 또 사랑하는 자는 사랑받는 소년의 현명함과 다른 탁월함에 기여할 능력이 있고, 사랑받는 소년은 184e
자신의 교육과 다른 지혜를 얻기 위해 그를 필요로 한다고 말입니다. 이 두 규범이 같은 목표를 지향할 때 사랑받는 소년이 자신을 사랑하는 자를 기쁘게 한다면 아름다울 수 있습니다.

이런 경우에는 기만당하는 것조차 수치스럽지 않습니다. 그러나 다른 경우에는 기만당했든 그렇지 않았든 [자신을 사랑하는 자를 기쁘게 하는 일이 사랑받는 자에게] 수치를 안겨줍니다. 가령 한 소년이 연인이 부자라고 생각하고 돈을 얻어낼 욕심에

185a 그를 기쁘게 해주었는데, 연인이 가난해서 돈을 못 얻고 기만당한다면, 이는 [기만당하지 않는 것에 못지않게] 수치스러운 일이기 때문입니다. 소년이 자기 품성을 보여준 것이니까요. 즉, 자신이 돈을 위해서라면 누구에게든 봉사할 사람임을 보여준 것인데, 이런 행위는 아름답지 않습니다.

또 다른 예로 한 소년이 연인을 훌륭한 사람이라고 생각해서, 또 연인의 사랑[66]으로 자신이 더 나은 사람이 될 것이라고 여겨서 그를 기쁘게 해주었습니다. 그런데 사실은 그 사람이 나쁜 자였고 탁월함을 소유하지 않은 자였습니다. 그래서 185b 기만당했다면, 이 경우는 아름다운 기만입니다. 이 소년도 자신의 품성을 여실히 보여주었다고 생각합니다. 즉, 자신이 탁월함을 위해 그리고 더 나은 사람이 되려고 누구를 위해서든 무슨 일이든 기꺼이 하려는 모습을 보여주었기 때문입니다. 이는 그 무엇보다 아름다운 일이니까요.

이처럼 탁월함을 추구하고자 누군가를 기쁘게 하는 일은 어떤 경우에도 아름답습니다. 이런 사랑[67]은 천상의 여신[68]에

66 philia: 여기서는 우정이 아니라 동성애적 사랑을 가리킨다.

67 erōs: 또는 에로스. 《향연》에서 화자들은 erōs의 두 의미, 즉 고유명사 '에로스'와 일반명사 '사랑'을 혼용한다.

68 천상의 아프로디테.

게 속하는 천상의 사랑이며, 폴리스나 개인 모두에게 아주 값진 사랑입니다. 왜냐하면 이 사랑은 사랑하는 자와 사랑받는 자가 탁월함에 많은 관심을 기울이도록 강제하기 때문입니다. 반면 다른 사랑은 모두 다른 여신, 즉 범속의 아프로디테에게 속합니다. 185c

오, 파이드로스여! 이것이 에로스에 관해 제가 지금 당신께 제 몫으로 기여할 수 있는 것입니다."

아리스토데모스가 말하길, 파우사니아스가 말을 멈추었을 때[69]—지혜로운 자들[70]은 이처럼 운을 맞추는 법을 제게 가르쳐주었습니다—아리스토파네스가 말할 차례였습니다. 하지만 아리스토파네스는 과식 때문이었는지, 다른 이유가 있었는지 계속 딸꾹질을 했으므로 연설을 할 수 없었습니다. 마침 의사인 에뤽시마코스가 그의 아래쪽 침상에 앉아 있었으므로 아리스토파네스는 그에게 이렇게 말했습니다. "오, 에뤽시마코스여! 당신께서 제 딸꾹질을 멈추게 해주세요. 그렇지 185d

69 '파우사니아스가 말을 멈추었을 때'의 원문은 'Pausaniou pausamenou'인데, 두 단어가 유사한 음운(pausa… n(i)ou)으로 구성되어 있으며 음절 수와 각 음절의 장단이 동일하다.

70 sophoi: (수사학) 전문가.

않으면 딸꾹질이 멈출 때까지 저 대신 말씀해주세요."

그러자 에뤽시마코스가 답했습니다. "둘 다 해드리지요. 제가 당신 차례에 말을 할 테니, 당신은 딸꾹질이 멈추면 제 차례에 말씀하세요. 제가 발언하는 동안 한참 숨을 참고 있으면 딸꾹질이 멈출 겁니다. 그래도 멈추지 않으면 물로 양치질을 하세요. 딸꾹질이 심하면 코를 간지럽힐 만한 걸 구해서 콧구멍을 간질여 재채기를 해보세요. 이렇게 한두 번 하면 아무리 심한 딸꾹질도 멈출 겁니다."

185e

아리스토파네스가 말했습니다. "지체하지 말고 말씀하세요. 저는 당신 처방대로 해보겠습니다."

에뤽시마코스는 이렇게 말했습니다. "제가 보기에 파우사니아스께서는 이야기를 아름답게 시작하셨지만 제대로 마무리하지 못하셨습니다. 그래서 어쩔 수 없이 제가 이야기의 결론을 맺도록 하겠습니다. 파우사니아스께서 두 종류의 에로스를 구분한 건 훌륭합니다. 하지만 에로스가 사람들의 영혼에만 그리고 아름다운 자들에게만 있는 것은 아닙니다. 다른 많은 것, 즉 모든 동물과 식물 그리고 말하자면 존재하는 모든 것에도 있습니다. 제가 우리의 기술, 즉 의술에서 에로스가 얼마나 위대하고 놀라운지, 또 그가 어떻게 인간의 일과 신의 일에 영향을 미치는지 깨달았습니다.

186a

186b

우선 의술부터 이야기를 해보겠습니다. 이 기술에 경의를 표하도록 말입니다. 신체에는 본디 이중적인 사랑[71]이 내재합니다. 모든 이가 동의하듯, 몸의 건강과 질병은 서로 다른 것이고 닮지 않았으니까요. 서로 닮지 않은 것은 닮지 않은 것을 욕망하고 사랑하니까요. 따라서 건강한 신체의 사랑은 병든 신체의 사랑과 다릅니다.

조금 전에 파우사니아스께서 말씀하셨듯 훌륭한 사람을 기쁘게 하는 것은 아름답지만, 무절제한 사람을 기쁘게 하는 것은 수치스러운 일입니다. 마찬가지로 신체에서도 훌륭하고 건강한 신체 각 부분을 기쁘게 하는 일은 분명 아름답고 반드시 해야 할 바입니다. 우리는 이것을 의술이라고 부릅니다. 하지만 나쁘고 병든 부분을 기쁘게 하는 것은 수치스러운 일이며, 의술을 깊게 알려는 자는 이런 부분을 기쁘게 하지 않을 겁니다.

186c

요약하면 의술은 몸을 채우거나 비우는 것에 사랑이 어떤 영향을 끼치는지를 살피는 학문입니다. 그리고 최고의 의사는 그 과정에서 아름다운 사랑과 수치스러운 사랑을 구분하여 몸이 수치스러운 사랑보다 아름다운 사랑을 받아들이도

186d

71 또는 에로스.

록 변화를 일으키는 사람입니다. 또 사랑이 생겨나야 하는데 결핍되어 있는 사람에게는 사랑을 만들어 심어주고, 사랑이 없어야 하는 사람에게는 그 사랑을 제거하는 자가 훌륭한 장인[72]입니다.

그는 몸속의 가장 적대적인 요소들을 친하게 만들어서 서로 사랑하게끔 해야 합니다. 그런데 가장 반대되는 것들이 가장 적대적입니다. 즉, 차가운 것은 뜨거운 것, 쓴맛은 단맛, 건조한 것은 습한 것과 반대되지요. 우리 조상이신 아스클레피오스[73]께서는 반대되는 것들이 서로 사랑하며 사이좋게 지내게 했습니다. 그래서 이분들[74] 같은 시인들이 말하고 저도 동조하는 것처럼, 아스클레피오스는 의술을 확립할 수 있었던 겁니다.

186e

187a

따라서 의술은 전적으로 에로스 신이 인도합니다. 체조술과 농사 기술도 마찬가지이고요. 이 주제에 조금이라도 주목해본 사람이라면 대립자들의 조화가 음악술[75]에도 성립한다는 것을 분명히 알 겁니다. 아마도 헤라클레이토스도 이것을

72 의약 제조자.

73 아폴론의 아들이자 의술의 신.

74 아리스토파네스와 아가톤.

75 mousikē: 시가술.

말하고자 했을 테지요. 설령 멋진 문구로 아름답게 표현하지는 않았지만 말입니다. 그는 하나[76]가 자신과 불화하지만 조화한다고 말합니다. 마치 [팽팽히 긴장된] 활시위나 뤼라 현의 조화처럼 말입니다. 하지만 조화가 불화한다고 말하거나 불화하는 것들에서 조화가 생겨난다고 말한다면 이는 정말 불합리합니다.

아마도 그는 이렇게 말하고 싶었던 것 같습니다. 즉, 높은음과 낮은음이 처음에는 불화하다가 나중에는 조화하는데, 음악술이 할 일이 바로 이런 조화를 이끌어내는 것이라고요. 높은음과 낮은음이 불화하면 조화가 생겨날 수 없으니까요. 조화란 화음이고 화음이란 일종의 일치입니다. (반면 구성 요소들이 불화한다면 여기서 일치가 생겨날 수는 없습니다. 또 불화하는 요소가 일치하지 않는다면 역시 조화도 불가능합니다.) 187b

리듬도 마찬가지입니다. 리듬은 본래 불화하던 요소들, 즉 빠른 것과 느린 것이 나중에 하나가 되었을 때 생겨납니다. 그런데 이 모두를 하나로 만들어주는 것이 앞선 사례에서는 의술이었다면 여기서는 음악술입니다. 반대되는 요소들 사이에 서로에 대한 사랑과 한마음을 심어주어 서로 화합하게 하 187c

76 우주.

뤼라를 든 청년 에로스

에로스는 등에 날개가 달렸으며 날개 달린 샌들을 신고 있다. 에트루리아 혹은 그리스의 거울 뒷면에 새겨진 부조.

는 것이지요. 이렇게 볼 때 음악술이란 조화와 리듬과 관련된 사랑[77]의 지식입니다.

조화와 리듬의 구성에서는 사랑의 일을 분별하는 데 어려움이 없고 이중의 사랑도 아직 여기에 나타나지 않습니다. 하지만 리듬과 조화를 사람에게 적용해야 할 경우에는 어려움이 생겨나며 그래서 훌륭한 장인이 필요합니다. 즉, 새로운 음악을 만들거나—사람들은 이것을 작곡이라고 부릅니다—이미 존재하는 곡조와 운율을 올바르게 활용할 때—이를 교양 교육이라고 부릅니다—입니다. 앞서와 같은 논리가 다시 성립하니까요. 즉, 조화로운[78] 사람—아직 그렇지 않더라도 조화롭게 될 수 있는 사람까지 포함해서—을 기쁘게 해야 하며, 이들의 사랑은 보호되어야 하는데 이 사랑은 아름다운 사랑이자 천상의 사랑이며, 우라니아[79] 뮤즈에게서 기인하니까요. 187d

반면에 다른 사랑, 즉 폴뤼힘니아 뮤즈에 기인하는 범속의 사랑은 누구에게 제공하든 조심해야 합니다. 이 사랑이 187e

77 또는 에로스의 일.

78 kosmios: 질서 있는.

79 예술적 영감의 여신. 에뤽시마코스에 따르면, 우라니아에 영감을 받은 시와 음악은 도덕적으로 선하지만, 폴뤼힘니아에 영감을 받은 시와 음악은 그렇지 못하다. 폴뤼힘니아는 본래 '많은 찬가의 뮤즈'라는 뜻이지만, 에뤽시마코스는 이 명칭이 다수성과 통속성을 상징한다고 해석한다.

주는 즐거움을 만끽하다가 방종에 빠지지 않도록 말입니다. 마치 의술에서 조리 기술이 주는 욕망을 마음껏 즐기되 질병에 걸리지 않도록 하는 게 중요하듯 말입니다. 따라서 음악과 의술 그리고 인간의 일이든 신들의 일이든 다른 어떤 것에서도 우리는 두 종류의 사랑을 최대한 주목해야 합니다. 두 종류의 사랑은 어디에나 있으니까요.

188a

한 해를 이루는 계절들도 그 구성을 보면 두 종류의 사랑으로 충만합니다. 또 제가 조금 전에 말씀드린 대로 뜨거운 것과 차가운 것, 건조한 것과 습한 것이 서로 관계하여 조화를 이루고 적절하게 섞이면, 사람들과 다른 동물들 그리고 식물들에게도 풍성함과 건강을 가져다주며 아무런 해도 끼치지 않습니다.

하지만 오만방자한 사랑이 한 해의 계절에 강한 지배력을 행사하면 많은 것들을 망치고 해칩니다. 역병이나 다른 수많은 비일상적인 질병도 바로 이 때문에 생겨납니다. 이를테면 서리와 우박 그리고 병충해는 두 에로스가 서로 과도하게 또는 무질서하게 관계할 때 발생합니다. 두 에로스가 별들의 운행과 한 해 계절의 순환에 어떻게 영향을 미치는지를 살피는 지식을 우리는 천문학이라고 부릅니다.

188b

더욱이 온갖 희생 제사와 예언술의 영역에 속하는 것—이

폴뤼휨니아 뮤즈 여신상

폴뤼휨니아는 본래 '많은 찬가의 뮤즈'라는 뜻이지만, 에뤽시마코스는 이 명칭이 다수성과 통속성을 상징한다고 해석한다. 2세기경 대리석 조각.
(이탈리아 몬테 칼보 소장)

188c 는 신과 인간의 상호 교제입니다—은 다름 아닌 에로스를 지키거나 치유하는 일에 관한 겁니다. 왜냐하면 우리가 조화로운 에로스를 기쁘게 하거나 존중해서 모든 일에서 경의를 표하는 대신 다른 에로스를 기쁘게 하거나 존중한다면, 살아 계시거나 돌아가신 부모뿐 아니라 신들에 대해서도 온갖 불경함이 종종 생겨나기 때문입니다. 예언술은 이들 두 에로스를 188d 살피고 치유합니다. 또 예언술은 에로스의 일들을 이해해서 어떤 일이 합당함과 경건함으로 이끄는지 알기에 신들과 사람들 사이에 좋은 관계를 유지하게 해줍니다.

이렇듯 모든 에로스는 전지전능합니다. 하지만 우리에게든 신들에게든, 모든 훌륭한 것들에 절제와 정의를 가지고 성취하는 에로스야말로 가장 큰 능력을 가지며 우리에게 모든 행복을 가져다줍니다. 또 이 에로스는 우리가 서로 교제하고 친구가 되게 하며 우리보다 우월한 신들과도 그렇게 할 수 188e 있도록 해줍니다. 아마도 제가 에로스를 찬양하면서 많은 것을 간과했을 수도 있지만, 설사 그렇다고 해도 고의는 아닙니다. 제가 뭔가 빠뜨렸다면 오, 아리스토파네스여! 그 부족함을 채우는 건 당신 몫입니다. 혹시라도 당신께서 다른 방식으로 그 신을 찬양하겠다면 그렇게 하세요. 이제 딸꾹질도 멈추었으니까요.”

아리스토데모스는 아리스토파네스가 다음 차례로 나섰다고 말했습니다. 아리스토파네스는 이렇게 말했다고 합니다. "정말 딸꾹질이 멈추었네요. 몸의 조화로움이 재채기 같은 소음과 간지럼을 욕망하다니 놀랍습니다. 재채기 요법을 쓰자마자 곧바로 [딸꾹질이] 멈추었으니까요." 189a

그러자 에뤽시마코스가 말했습니다. "오, 훌륭한 자 아리스토파네스여! 지금 당신이 뭘 하시는지 살펴보세요. 말하려는 찰나에 우스갯짓을 하고 있고, 그래서 저를 당신 이야기의 파수꾼이 되게 하고 있으니 말입니다. 당신께서 평화롭게 말씀하실 수 있는데도 혹시 우스갯소리를 하지나 않을까 지켜봐야 하는 처지가 되었습니다." 189b

아리스토파네스가 웃으면서 말했습니다. "잘 말씀하셨습니다, 오, 에뤽시마코스여! 제가 이미 한 말은 하지 않은 걸로 해주세요. 그리고 저를 감시하실 필요는 없습니다. 지금부터 드리고자 하는 말씀에 제가 혹시라도 우스갯소리를 하지나 않을까 걱정하지 않으셔도 됩니다. 그건 제게 이득이고 우리 뮤즈 여신께는 고유한 영역이니까요.[80] 저는 오히려 웃음

80 아리스토파네스는 자신이 희극작가이므로 자신의 우스갯소리는 수치스러운 일이 아니라 오히려 특권이자 자랑이라고 여긴다.

아리스토파네스의 흉상

아리스토파네스는 고대 그리스 아테나이 최고의 희극 작가다. 소크라테스는, 그가 작품 《구름》에서 자신을 신을 믿지 않는 자연철학자이자 부도덕한 소피스테스로 묘사함으로써 나쁜 평판을 얻게 되었다고 믿었다. (이탈리아 우피치미술관 소장)

거리가 될 말을 하지나 않을지 걱정입니다."

에뤽시마코스가 말했습니다. "오, 아리스토파네스여! 당신은 돌직구를 던지고 빠져나가려고 하시는군요. 하지만 정신 바짝 차리고 나중에 이유를 제시해야 할 수도 있다고 생각하시면서 말씀해주세요. 그러면 그게 좋겠다고 생각될 때 당신을 면책해드리겠습니다." 189c

아리스토파네스가 말했습니다. "오, 에뤽시마코스여! 사실 저는 당신이나 파우사니아스와는 다른 방식으로 말할 생각입니다. 제가 생각하기에 사람들은 에로스의 능력을 전혀 파악하지 못했으니까요. 만약 [에로스의 능력을] 파악했다면 그분을 위해 가장 큰 신전과 제단을 세웠을 것이고 가장 성대한 제사를 드렸겠지요. 그런데 그런 일은 전혀 행해지지 않습니다. 다른 어느 신보다 대접을 받아야 하는데도요. 왜냐하면 그분은 신들 중 가장 인간을 사랑하여 도와주시고, 질병을 치료하여 189d 인간에게 최고의 행복을 주시기 때문입니다. 제가 그분의 능력을 소개할 테니, 여러분은 다른 사람에게 알려주세요.

먼저 여러분은 인간의 해부학적 본성과 그 변화를 배워야 합니다. 옛날에는 우리의 본성이 지금과는 달랐으니까요. 처음에는 사람 종족이 셋이었는데 지금처럼 두 가지 성, 즉 남성과 여성만 있었던 게 아니라 두 성을 함께 가진 세 번째 성 189e

이 하나 더 있었습니다. 지금은 세 번째 성 자체는 사라지고 그 이름만 남았지요. 그때는 자웅동체[81]가 형태상으로나 명칭상으로 남성과 여성의 특징을 모두 가진 하나의 성이었습니다. 그러나 지금은 그 명칭이 비난의 말 속에 들어 있는 것을 제외하면 남아 있지 않습니다.[82]

190a 다음으로 각 사람의 형태는 공 모양이었습니다. 등과 옆구리가 원형이었으니까요. 또 네 팔과 네 다리가 있었고, 원통형 목에 모든 면에서 비슷한 두 개의 얼굴이 달려 있었습니다. 하나의 머리에는 서로 반대 방향을 향해 있는 두 개의 얼굴이 있었고, 네 개의 귀와 두 개의 음부 그리고 다른 모든 부위들도 이런 모든 것들로 미루어 짐작할 수 있을 법하게 달려 있었습니다. 과거의 사람들은 지금의 우리처럼 똑바로 서서 걸었고, 원하는 방향으로 나아갈 수 있었습니다. 또 빨리 달리기 시작할 때는 여덟 개의 팔다리로 바닥을 딛고 공처럼 굴러다녔습니다. 마치 곡예사가 두 다리를 쭉 펴고 빙글빙글 도는 것처럼 말입니다.

190b 이처럼 사람 종족이 셋인 까닭은 남성은 애초에 태양의 후

81 androgynon.
82 당시 androgynos는 비겁하거나 유약한 남성을 가리키는 의미로 사용되었다.

손이고 여성은 땅의 후손이며, 자웅동체는 두 본성을 모두 나누어 가진 달의 후손이었으므로 두 성을 모두 가졌기 때문입니다. 또 이들 자체와 움직이는 방식이 공 모양인 것은 자기 부모를 닮았기 때문입니다. 이들은 힘과 완력이 무시무시했고 큰 포부를 품고 있었습니다. 그래서 신들을 공격하려 했습니다. 호메로스는 에피알테스와 오토스가 하늘에 올라가 신들을 공격하려 한다고 했는데,[83] 바로 이들을 두고 한 말이었지요.

이에 제우스와 다른 신들은 어찌해야 할지 숙고했지만 달리 뾰족한 방법이 없었습니다. 신들은 거인들을 죽이듯 벼락으로 내리쳐 인간 종족을 죽이거나 멸종시킬 수 없었습니다. 그랬다간 인간들에게 제공받던 경배와 제사도 사라질 테니까요. 그렇다고 인간의 무도함을 그대로 둘 수도 없었습니다. 190c

제우스는 간신히 생각을 짜내어 이렇게 말했습니다. '내 계획은 이렇소. 인간을 존속시키면서도 나약하게 만들어서 그들의 무절제에 종지부를 찍을 것이오. 지금 나는 인간을 반으로 쪼개겠소. 그러면 인류는 한편으로 약하게 될 것 190d

83 《오뒷세이아》 11.305-20.

이고, 다른 한편으로는 수가 늘어나 우리에게도 유익할 것이오. 그리고 인간은 두 다리로 직립보행을 할 것이오. 그런데도 그들이 여전히 방종하고 조용히 하지 않으면 나는 이들을 다시 둘로 쪼개겠소. 그러면 외다리로 깡충거리며 다녀야 할 거요.'

190e 이렇게 말하고서 제우스는 인간을 둘로 쪼갰습니다. 마치 마가목 열매를 자르고 말려서 저장하거나 달걀을 머리카락으로 자르는 사람들이 하는 것처럼 말입니다. 제우스는 인간을 둘로 나눌 때마다 아폴론에게 명해서 얼굴과 목 반쪽을 잘린 쪽으로 돌려놓게 했습니다. 그래서 인간들로 하여금 자신의 잘린 면을 보면서 더 절도 있는 자가 되도록 했습니다. 또 제우스는 아폴론에게 명해서 인간들의 상처를 치료하도록 했습니다.

아폴론은 인간의 고개를 돌려놓고는, 오늘날 배라고 일컬어지는 곳으로 모든 피부를 모았습니다. 마치 끈으로 주머니를 졸라매듯 말입니다. 또 아폴론은 [끌어모은 피부를] 배 한가운데를 매듭지으면서 주둥이 하나를 내었는데, 사람들은 이를 배꼽이라고 부릅니다. 191a 아폴론은 다른 곳의 많은 주름을 평평하게 펴서 가슴을 만들었습니다. 갖바치가 구두 골에 놓고 가죽 주름을 매끄럽게 펼 때 사용하는 것과 같은 도구를 이용해서 말입니다. 하지만 배와 배꼽 주위에는 약간의 주름을 남겨두었는데, 과거에 겪은 일을 상기시키기 위해서였지요.

인간의 본성이 이렇게 분리되자 각각의 반쪽은 자신의 나머지 반쪽을 갈망했고 다시 하나가 되고자 했습니다. 이들은 팔을 두르고 서로 뒤엉키며 한 몸이 되기를 열망했습니다. 그러고는 배고픔과 무기력으로 죽어갔습니다. 서로 떨어져서는 아무것도 하려 하지 않았거든요. 둘 중 하나가 죽으면 남은 반쪽은 다른 반쪽을 찾아 뒤엉켰는데, 전체가 여성인 자의 반쪽—이것을 오늘날 우리는 여성이라고 부릅니다—과 만날 때도 있었고 남성의 반쪽을 만날 때도 있었습니다. 하지만 여하튼 그들은 죽어가기 시작했습니다. 제우스가 이들을 불쌍히 여겨서 다른 계획을 세울 때까지 말입니다. 191b

제우스는 그들의 음부를 앞쪽으로 옮겼습니다. 이때까지 음부가 바깥쪽에 있어 임신과 출산이 [육체적 결합 후] 몸 안이 아닌 마치 매미처럼 땅에서 이루어졌습니다. 그런데 제우스가 인간의 음부를 앞쪽으로 옮김으로써 인간이 상대방의 안에서, 즉 남성을 통해 여성 속에서 생식할 수 있게 되었습니다. 이렇게 한 까닭은 한 쌍이 만나서 껴안을 때, 남성이 여성을 만나면 자식을 낳아서 종족을 유지할 수 있게 하고, 남성이 다른 남성을 만나면 서로 만나는 것으로 만족하며 잠깐의 191c

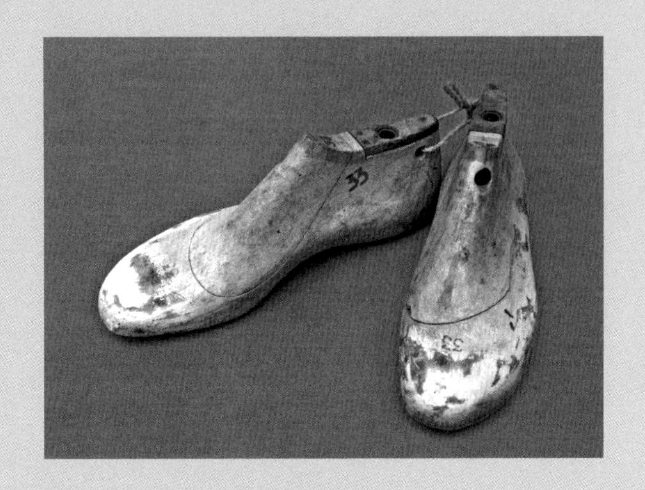

구두 골

구두 만드는 데 사용하는 발 모양의 틀. 아폴론은 이 구두 골에 놓고 가죽 주름을 펼 때 쓰는 것과 같은 도구로 몸의 주름을 펴서 가슴을 만들었다.

휴식을 누린 후에 다시 일로 돌아가 여생을 살아가도록 하기 위함이었습니다. 그래서 오래전부터 인류에게 서로에 대한 에로스가 심어졌습니다. 에로스는 옛 본성을 모으며, 둘에서 하나를 만들어 인간 본성을 치유하고자 합니다. 191d

이렇게 볼 때 우리 각자는 한 사람의 반쪽입니다. 마치 포 뜬 생선처럼 하나에서 둘로 나뉘었으니까요. 그래서 사람은 자신의 다른 반쪽을 찾아다닙니다. 남성 중 두 성을 함께 가진 것—그때는 이것을 자웅동체라고 불렀습니다—에서 쪼개져나온 사람은 여성을 사랑하며, 간음하는 남성 대부분이 이 종족에서 생겨납니다. 마찬가지로 남성을 밝혀 간음하는 여성도 이 종족에서 생겨납니다. 반면 완전히 여성인 종족에서 분리된 여성은 남성은 전혀 염두에 두지 않고 오히려 다른 여성에 관심이 쏠리는데, 여성 동성애자가 이 종족에서 유래합니다. 191e

또 완전히 남성인 종족에서 분리된 남성은 남성들을 따라다닙니다. 남성에서 분리된 반쪽이기 때문에 이들은 소년일 때부터 남성을 사랑하고 남자들과 함께 눕고 뒤엉키는 것을 즐기는데, 이들이야말로 가장 훌륭한 소년이며 가장 훌륭한 청년입니다. 본성상 가장 용감하니까요. 어떤 이는 이런 남성이 후안무치하다고 하지만 이는 잘못된 말입니다. 이런 남 192a

성이 후안무치해서 그런 일을 행하는 게 아닙니다. 용기와 용맹함 그리고 사내다움 때문이며, 자신과 비슷한 것을 반기기 때문입니다. 그 좋은 증거로 오직 이런 사람들만이 다 자랐을 때 정치적인 일에 합당한 남자로 판명된다는 사실입니다.

192b 한편 이들이 성인이 되면 소년을 사랑하는 자가 되며, 본성상 결혼하거나 아이를 출산하는 일에 관심이 없습니다. 물론 관습적으로 그렇게 하도록 강제되기는 하지만요. 이들은 결혼하지 않은 채 서로 함께 살아가는 데 만족합니다. 요컨대 이런 남자는 늘 자신과 동류를 환대하므로 [성인이 되어서는] 소년을 사랑하고, [소년일 때는] 자신을 사랑해주는 자를 사랑합니다.

그런데 소년을 사랑하는 자든 그 밖의 다른 사람들이든 자신의 반쪽과 만나면 친애와 친밀함, 사랑에 놀라우리만치 압도되어 잠시도 떨어지지 않으려고 합니다. 192c 이들이야말로 일생 동안 함께 지내는 자들입니다. 자신이 상대방에게 무엇을 원하는지 말할 수도 없는데 말입니다. 즉, 한 사람이 다른 사람과 그토록 열의를 가지고 함께 지내면서 즐거워하는 게 오로지 성적 교제 때문이라고 생각할 사람은 없으니까요. 각 반쪽의 영혼은 다른 뭔가를 원하지만 그걸 말로 표현하지는 못 192d

하고, 자신이 원하는 바를 예견하면서 수수께끼 같은 말을 하는 것이지요.

그들이 함께 누워 있는데 대장장이의 신인 헤파이스토스가 손에 도구를 들고 그들 곁에 서서 이렇게 물었다고 합시다. '오, 사람들이여! 그대들이 서로에게서 받기를 원하는 게 뭔가?' 사람들이 어떻게 답해야 할지 몰라 우왕좌왕하자 헤파이스토스가 다시 물었습니다. '그대들은 최대한 서로 같은 곳에 있기를 열망하는가? 그래서 밤이든 낮이든 서로 떨어지지 않는 것인가? 만약 그것이 그대들이 원하는 것이라면, 내가 그대들을 하나로 결합하고 융합해주겠네. 그렇게 되면 그 192e 대들은 살아 있는 동안에는 둘이 하나가 되어 살아가고, 죽고 나면 저곳 하데스의 집에서 둘이 아니라 하나로 함께 죽도록 말이네. 이것이 그대들이 원하는 것인지, 이렇게 되면 만족하겠는지 살펴보게.'

이 말을 듣고 거부할 사람은 없으며 다른 뭔가를 원한다고 말할 사람도 없음을 우리는 압니다. 오히려 각자는 단지 자신이 예전부터 바라던 바를 들었다고 생각할 겁니다. 사랑하는 자와 한데 모이고 융합해서 둘이었던 게 하나가 되는 것이니까요. 그 까닭은 우리의 옛 본성이 이와 같아서, 우리는 본래 온전한 자들이었고 온전한 전체에 대한 욕망과 추구가 에로 193a

스라는 명칭으로 일컬어지기 때문입니다.

제가 이미 말씀드린 것처럼 우리는 전에는 하나였지만, 지금은 우리의 잘못으로 신의 노여움을 사 흩어져 살아가게 되었습니다. 마치 아르카디아 사람들이 라케다이몬 사람들 때문에 뿔뿔이 흩어져 사는 것처럼 말입니다.[84] 만약 우리가 신에게 겸손하게 굴지 않는다면 다시 쪼개질 것이고, 묘비에 부조로 새겨진 사람들처럼 콧날을 따라 반으로 잘려서 마치 동전의 반쪽처럼 된 상태로 이리저리 돌아다니게 되지나 않을까 두렵습니다.

이런 이유로 우리는 모든 일에서 신에게 경의를 표하도록 서로를 권면해야 합니다. 에로스를 우리의 인도자이자 통솔자로 삼아 어떤 것들은 피하고 다른 것들은 얻을 수 있도록 말입니다. 그러니까 누구도 에로스에 대항하지 말아야 합니다. 에로스에 대항하는 자는 신들의 미움을 사게 될 것입니다. 우리가 그 신과 친구가 되고 화해한다면 사랑하는 소년을 발견하고 만나게 될 것입니다. 요즘은 이렇게 하는 사람이 소수이지만 말이지요.

193b

84 기원전 385년 스파르타(라케다이몬) 사람들은 아르카디아의 만티네이아를 파괴하고 그곳 사람들을 흩어져 살게 했다.

따라서 에뤽시마코스는 제가 파우사니아스와 아가톤을 염두에 두고 이런 말을 한다고 생각하고,[85] 저의 연설을 우스갯소리로 여기지 않았으면 합니다. 아마 두 사람도 이런 사람들에 속하며 본성상 남성일 수 있습니다. 하지만 저는 남성과 여성 모두를 두고 이렇게 말합니다. 사랑을 성취해서 각자가 자신의 소년을 만나 옛 본성으로 돌아갈 때 비로소 우리 인간 종족이 행복해진다고 말입니다. 만약 이것이 최선이라면 지금 우리 곁에 있는 것들 중 이와 가장 근접한 것 또한 최선일 수밖에 없다는 결론이 나옵니다. 즉, 자기 마음에 맞는 본성을 가진 소년을 발견하는 것 말입니다. 193c

이런 일의 원천인 신을 찬미해야 한다면 마땅히 우리가 찬미해야 할 신은 에로스입니다. 그분이야말로 지금도 우리를 친밀한 곳으로 이끌어주어 최대의 유익을 가져다줄 것입니다. 뿐만 아니라 미래를 생각할 때도 우리가 신들에게 경건함을 보이면 신도 우리를 옛 본성으로 되돌릴 것이고, 우리를 치유해서 축복받고 행복한 자로 만들어줄 것이라는 가장 큰 희망을 줍니다. 오, 에뤽시마코스여! 이것이 에로스에 193d

85 《프로타고라스》 315d-e에서는 아가톤이 파우사니아스의 사랑받는 소년이라고 언급하고 있으며, 크세노폰의 《향연》 8.32에서는 파우사니아스가 아가톤을 사랑하는 자라고 기술하고 있다.

대한 저의 이야기입니다."

아리스토파네스가 계속 말했습니다. "당신의 이야기와 다르기는 하지만, 아까 요청했듯 이 이야기를 우스갯소리로 치부하지 말아주세요. 나머지 사람들의 이야기도 들어봐야 하니까요. 이제 아가톤과 소크라테스만 남았습니다."

193e

그러자 에뤽시마코스가 말했습니다. "당신 말씀에 따르겠습니다. 당신 말씀이 저에게 즐거웠으니까요. 사실 소크라테스와 아가톤이 에로스의 전문가라는 사실을 알지 못했다면, 지금까지 논의된 이야기가 워낙 많고 다채로워서 그들이 뭐라고 말할지 우왕좌왕하지나 않을까 무척 걱정했을 겁니다. 하지만 지금 그 점은 조금도 걱정하지 않습니다."

194a

그러자 소크라테스가 이렇게 말했습니다. "이미 당신 스스로가 경연을 잘 마치셨으니까 그렇지요, 오, 에뤽시마코스여! 하지만 당신이 제 상황—아가톤이 훌륭하게 연설한 뒤의 상황—에 놓인다면 당신은 매우 두려워서 지금의 저처럼 혼란에 빠질 겁니다."

아가톤이 말했습니다. "오, 소크라테스여! 당신은 저를 홀리려고 하시는군요. 청중이 저의 훌륭한 연설에 큰 기대를 한다고 여기면서 제 스스로 미혹되도록 말입니다."

194b

그러자 소크라테스가 말했습니다. "오, 아가톤이여! 당신은 배우들과 함께 무대 위에 올라가서 그토록 많은 관중 앞에서 조금도 놀라지 않고 자신의 이야기를 펼치고자 했습니다. 저는 그때 당신이 얼마나 용감하고 큰 배포를 가졌는지 목격했습니다. 그런데 지금 몇 명 되지도 않은 우리 때문에 당신이 동요할 거라고 생각한다면 저는 정말 건망증이 심한 사람일 겁니다."

아가톤이 말했습니다. "오, 소크라테스여! 무슨 말씀이십니까? 지성을 가진 자에게는 지성 없는 다수보다 소수의 지각 있는 사람이 더 무서운 법이지요. 그걸 모를 정도로 제 머릿속이 극장 일로 가득 차 있다고 생각하시는 건 아니겠지요?"

194c

소크라테스가 말했습니다. "물론 아닙니다, 오, 아가톤이여! 제가 당신을 두고 무례한 생각을 하고 있다면 이는 아름다운 일이 아니겠지요. 만일 당신이 지혜롭다고 여기는 사람들을 맞닥뜨린다면 군중보다 더 신경 쓰리라는 것을 잘 알고 있습니다. 하지만 우리는 그런 사람들이 아닐지도 모릅니다. 왜냐하면 우리도 거기 있었고 군중 가운데 하나였으니까요. 하지만 당신이 지혜 있는 다른 사람을 만나신다면 아마도 그 앞에서 수치심을 느끼실 겁니다. 당신이 뭔가 수치스러운 일을 하고 있다고 생각하신다면 말입니다. 어떻게 생각하십니까?"

아가톤이 답했습니다. "옳은 말씀입니다."

"하지만 많은 이 앞에서는 부끄러움을 느끼지 않으시겠지요?"

194d 이때 파이드로스가 끼어들었습니다. "오, 친애하는 아가톤이여! 당신이 소크라테스의 질문에 자꾸 대답하면, 이분은 이곳의 일이야 어떻게 되든 상관하지 않으실 겁니다. 대화 상대, 특히 아름다운 사람이 있는 한 말입니다. 저는 소크라테스께서 이야기하는 걸 즐겨 듣습니다만, 지금은 여러분 각자에게서 에로스를 찬미하는 이야기를 하나씩 받아내야 합니다. 그러니 두 분은 이 신께 드릴 것을 각자 드린 후에 대화를 이어가도록 하세요."

194e 그러자 아가톤이 말했습니다. "옳은 말씀입니다, 오, 파이드로스여! 제 발언을 막을 건 아무것도 없습니다. 소크라테스와 대화를 나눌 기회는 이후에도 종종 있을 테니까요.

저는 먼저 어떻게 이야기할지 말씀드린 다음 발언을 시작하겠습니다. 제가 보기에 앞서 발언한 사람들은 에로스보다는 그 신이 가져다준 좋은 것들, 그리고 그로 인한 인간의 행복을 찬미하는 것 같습니다. 하지만 이것들을 누가 가져

195a 다주었는지는 아무도 말하지 않았습니다. 누군가를 올바르

게 찬미하는 방법은 하나밖에 없는데, 찬미 대상이 누구이고 어떤 것을 줄 수 있는지 말로 풀어가는 겁니다. 그러니까 우리도 에로스를 찬미할 때 먼저 그분이 어떤 분인지 찬미한 다음, 그분이 우리에게 주시는 선물을 찬미하는 게 정당합니다.

저는 모든 신이 행복하지만 그중에서도 에로스가 가장 아름답고 훌륭하기에 가장 행복하다고 주장합니다. 물론 이런 저의 말이 합당하고 신들의 분노를 사지 않는다면 말입니다. 에로스는 다음과 같은 분이기에 가장 아름답습니다.

오, 파이드로스여! 먼저 그분은 신들 중 가장 젊습니다.[86] 그분 스스로가 좋은 증거를 제시합니다. 노령을 피해 달아나거든요. 물론 노령이 빠르다는 건 명백합니다. 적어도 마땅히 그래야 하는 것보다 더 빨리 찾아오지요. 에로스는 본성적으로 노령을 싫어합니다. 그래서 노령이 멀찍이 있는데도 접근하지 않으려고 합니다. 또 에로스는 늘 젊은이들과 함께하며 그 자신도 젊습니다. 닮은 것들끼리 어울린다는 옛이야기가 잘 들어맞는 것이지요.

195b

저는 파이드로스의 의견에 대체로 동의합니다만, 에로스

86 파이드로스는 에로스가 신들 중 가장 연장자라고 주장했다. 178a-b 참고.

가 크로노스[87]와 이아페토스[88] 같은 신들보다 더 오래되었다

195c 는 데는 동의하지 않습니다. 오히려 에로스가 신들 중 가장 젊으며 영원히 젊다고 주장합니다. 헤시오도스와 파르메니데스가 이야기하는 신들에 관한 옛일들은 에로스가 아니라 필연으로 일어난 일입니다. 만약 그들의 이야기가 진실이라면 말입니다. 에로스가 신들 가운데 있었더라면 거세나 결박 같은 폭력은 일어나지 않았을 테니까요. 오히려 우정[89]과 평화가 있었겠지요. 에로스가 신들을 다스리게 된 이래 지금까지 그런 것처럼 말입니다.

그러니까 에로스는 젊은 신이며, 동시에 온화한 신입니다.

195d 하지만 그 신에게는 자신의 온화함을 드러내줄 호메로스 같은 시인이 없습니다. 호메로스는 아테[90]를 온화한 여신이며, 적어도 그녀의 발은 부드럽다고 했습니다.[91]

87 우라노스와 가이아 사이에서 태어났으나 아버지 우라노스를 거세했고 나중에 아들 제우스에게 결박되었다.

88 티탄 족 중 하나이며, 우라노스와 가이아 사이의 아들이다. 또한 그는 아틀라스와 프로메테우스, 에페메테우스의 아버지이기도 하다.

89 philia: 친애.

90 아테atē는 '열병'을 의미하며 기만의 여신이다. 사람이 잘못을 저질렀을 때 신들은 그를 심판하기 위해 아테 여신을 보내는데, 아테가 사람의 마음속으로 들어가서 잘못된 결정을 내리도록 한다.

91 《일리아스》 19.92-3.

하지만 그녀의 발은 부드럽다. 발을 땅에 내딛지 않고
사람들의 머리 위로 걸어가니까.

제가 보기에 호메로스는 아테 여신이 단단한 땅 위가 아니라 부드러운 것 위를 걷는다고 말함으로써 그녀가 얼마나 부드러운지를 보여줍니다. 우리도 이 같은 증거를 들어 에로스의 부드러움을 증명할 수 있습니다. 에로스는 땅 위를 걷는 것도 아니고, 온전히 부드럽지만은 않은 사람 머리 위를 걷는 것도 아니며, 존재하는 것들 중 가장 부드러운 것 안에서 걸어다니고 그 속에서 거하니까요. 즉, 에로스는 신들과 사람들의 품성과 영혼 안에서 살아갑니다. 하지만 모든 영혼을 차례대로 떠돌며 사는 게 아니라, 굳은 품성의 영혼을 만나면 떠나가는 반면 부드러운 품성의 영혼을 만나면 거기에 자리 잡습니다. 이렇듯 에로스는 가장 부드러운 것 속에서도 가장 부드러운 것과 발만 닿지 않고 온몸을 닿기에 가장 부드러울 수밖에 없습니다. 195e

그래서 에로스는 가장 젊고 가장 부드러우며 형상 또한 유연합니다. 왜냐하면 그가 단단하면 자기 대상을 완전히 감싸 안지 못할 것이고, 눈에 띄지 않고 모든 영혼을 꿰뚫고 드나들지도 못할 테니까요. 우아함은 에로스가 균형 잡혀 있고 유 196a

연한 형상을 가졌음을 보여주는 큰 증거입니다. 이 사실은 모두가 동의합니다. 우아하지 않음과 에로스는 늘 전쟁 상태이니까요. 한편 에로스는 꽃들 속에서 살기에 안색이 아름답습니다. 하지만 신체든 영혼이든 다른 어떤 것이든 꽃이 만개하지 않은 곳 또는 꽃이 시든 곳에는 에로스가 자리 잡지 않습니다. 반대로 꽃이 만발해서 향기가 가득한 곳은 어디든 내려와 앉고 머무릅니다.

196b

아직 미흡한 점이 많지만 에로스의 아름다움은 이 정도로만 이야기해두겠습니다. 다음으로 에로스의 탁월함을 말씀드리겠습니다. 무엇보다 에로스는 신에게든 사람에게든 불의를 행하지도, 불의를 당하지도 않는다는 게 중요합니다. 또 에로스는 무슨 일을 겪든 폭력이 따르지 않습니다. 폭력은 에로스에게 영향을 끼치지 못하니까요. 무슨 일을 행할 때도 마찬가지입니다. 모든 이는 자발적으로 에로스의 종이 됩니다. 또 '폴리스의 왕인 법률'[92]은 서로 자발적으로 동의하는 것을 정의롭다고 말합니다.

196c

에로스는 정의뿐만 아니라 절제[93]에도 많이 관여합니다.

92 당대의 수사학자 알키다마스(고르기아스 학파)의 말을 인용했다.

93 sophrosynē.

절제란 쾌락과 욕망을 다스리는 것인데, 어떤 쾌락도 에로스보다 강하지 않다는 데 모두가 동의합니다. 쾌락이 더 약하면 에로스에게 다스림을 받을 것이고 그리하여 에로스가 이를 다스릴 것입니다. 또 에로스가 쾌락과 욕망을 다스리기에 특별히 자제력이 강할 것입니다.

또 용기를 말하자면 아레스조차 에로스에 맞서지 못합니다.[94] 아레스가 에로스를 사로잡았다기보다는 에로스가 아레스를 사로잡았으니까요. 전하는 이야기에 따르면 아프로디테를 향한 사랑이 에로스를 사로잡았다고 합니다.[95] 사로잡은 자가 사로잡힌 자보다 더 강한 법입니다. 그러니 가장 용맹한 자[96]를 다스리는 자[97]가 모든 이 가운데 가장 용맹할 테지요. 196d

에로스의 정의와 절제, 용기를 말씀드렸으니 이제 그의 지혜[98]를 들려드려야겠군요. 빠진 게 없도록 최선을 다해 말씀

94 소포클레스의 《튀에스테스》(현존하지 않는 비극)에서 인용했다. 아레스는 전쟁의 신이다.

95 《오뒷세이아》 8.266 이하.

96 전쟁의 신 아레스.

97 사랑의 신 에로스.

98 sophia. 본래 sophia는 전문적 지식 또는 기술을 가리킨다. 여기서는 시적 기교를 의미한다.

드려보겠습니다.

우선 에뤽시마코스가 자기 기술에 경의를 표했듯이 저도 제 기술에 경의를 표하겠습니다. 에로스는 다른 이도 시인으로 만들 수 있을 만큼 지혜로운 시인입니다. 그분이 어루만지면 이전에는 뮤즈 여신과 무관했던 자[99]도 모두 시인이 됩니다. 이를 증거로 우리는 에로스야말로 한마디로 말해 시가 제작과 관련된 모든 창작에서 훌륭한 시인임을 알 수 있습니다. 자신이 갖고 있지 않거나 알지 못하는 것을 다른 이에게 주거나 가르칠 수는 없으니까요.

196e

197a

또 모든 생물이 만들어질[100] 때도 마찬가지입니다. 이 에로스의 지혜로 생물이 태어나고 자란다는 걸 누가 반박하겠습니까? 기술을 실행할 때도 이 신을 스승으로 삼는 자는 명성을 얻고 두각을 나타내지만, 이 신의 어루만짐을 받지 않는 자는 어둠 속에 처하게 된다는 걸 우리는 알지 않습니까? 아폴론도 욕망과 사랑[101]의 인도를 받았기에 궁술과 의술, 예언술을 발견할 수 있었습니다. 따라서 아폴론도 에로

197b

99 에우리피데스의 《스테네보이아》(현존하지 않는 비극)에서 인용했다.

100 poiēsis는 주로 '제작', '창작'을 의미하지만 여기서는 보다 포괄적인 의미로 사용되었다.

101 erōs: 에로스.

스의 제자이겠지요. 마찬가지로 뮤즈 여신들은 시가 제작술에서, 헤파이스토스는 대장장이 기술에서, 아테나는 직조술에서, 제우스는 신들과 사람들의 조종에서 에로스의 제자입니다.

따라서 신들의 일도 에로스, 특히 아름다움에 대한 에로스—에로스는 추한 것을 지향하지 않으니까요—가 그들 사이에 생겨난 이후에 정해졌습니다. 그 이전에는, 서두에서 말씀드렸듯이, 무시무시한 일들이 신들에게 많이 일어났다고 합니다. 필연이 왕 노릇을 했기 때문이지요. 하지만 이 신이 탄생한 이후로는 아름다운 것을 사랑하면서부터 모든 훌륭한 일들이 신들과 사람들에게 생겨났습니다.

오, 파이드로스여! 제 생각은 이렇습니다. 먼저 에로스 자신이 가장 아름답고 훌륭하며, 다음으로 누군가 그런 자질을 갖추고 있다면 그것은 바로 에로스 덕분입니다. 이에 관해 운율을 넣어 뭔가 말해야겠다는 생각이 드네요. 197c

사람들에게는 평화를, 망망대해에는 바람 한 점 없는 고요를,
바람에는 누그러짐을, 근심에는 안식을 가져옵니다.

에로스야말로 우리 안의 낯섦을 없애고 친근함으로 채웁 197d

키타라를 든 아폴론
아가톤은 에로스의 인도를 받았기 때문에 아폴론이 궁술과 의술, 예언술을 발견했으며, 그래서 아폴론도 에로스의 제자일 거라고 주장한다. 2세기경 대리석 조각.
(이탈리아 피오 클레멘티노 박물관 소장)

니다. 우리를 지금처럼 서로 모이게 하고 축제와 가무 그리고 제사 때 인도자가 되면서 말입니다. 또 에로스는 온화함을 가져다주고 사나움을 내쫓습니다. 그리고 선의는 아낌없이 나누어주지만 악의는 선물로 주지 않지요.

그는 자애롭고 친절하기에, 지혜로운 자들에게는 우러러봄의 대상이 되고 신들에게는 존경의 대상이 됩니다. 그래서 그를 나누어 가지지 않는 자들은 탐내고, 그를 풍성히 나누어 가진 자들은 귀히 여깁니다. 또 그는 사치와 우아, 화려, 매력, 욕망과 갈망의 아버지입니다.

그는 훌륭한 것들[102]은 돌보지만 나쁜 것들[103]은 전혀 관심을 두지 않습니다. 또 고통과 두려움, 갈망과 대화의 키잡이이고 선원이며 동지이자 최고의 구원자입니다. 신들과 사람들에게 질서[104]이며, 가장 아름답고 훌륭한 인도자입니다. 그래서 모든 사람은 에로스를 따라야 합니다. 그가 모든 신과 사람의 마음을 매혹하면서 부르는 노랫가락에 동참해 그를 아름답게 찬양하면서 말입니다.

197e

오, 파이드로스여! 이것이 에로스 신에게 바치는 저의 이

102 또는 훌륭한 자들.

103 또는 나쁜 자들.

104 kosmos: 조화, 장식.

야기입니다. 저는 헌사의 어떤 부분은 장난스럽게 만들었지만 다른 부분은 진지하게 만들었습니다. 제가 할 수 있는 한 최선을 다해서 말입니다."

'사랑도 마찬가지입니다.
일반적으로 좋은 것과 행복을 추구하는
모든 욕망이 사랑입니다.
가장 강력하고도 술책을 지닌 사랑이지요.'

198a 아리스토데모스가 말하길, 아가톤이 말을 마치자 참석자 모두가 박수갈채를 보냈다고 합니다. 이 청년이 자신에게도 신에게도 합당한 말을 했다고 여겼으니까요. 그때 소크라테스가 에뤽시마코스를 쳐다보면서 이렇게 말했습니다. "오, 아쿠메노스의 아들이여! 당신께서는 제가 아까 두려워한 바가 쓸데없는 일이라고 생각하십니까? 조금 전 제가 한, 아가톤이 놀라운 연설을 할 것이며, 저는 무슨 말을 할지 몰라 우왕좌왕하게 될 거라는 말이 참된 예언이 아니었던가요?"

그러자 에뤽시마코스가 말했습니다. "아가톤의 연설에 관한 한 당신이 참된 예언을 했다고 인정합니다. 하지만 당신이 무슨 말을 할지 몰라 우왕좌왕할 것이라는 데는 동의하지 않습니다."

198b 소크라테스가 말했습니다. "오, 복받은 자여! 이토록 아름답고 다채로운 연설이 끝난 후에 발언해야 한다면 저든 다른 누구든 할 말을 찾지 못해 우왕좌왕하지 않겠습니까? 연설의 앞부분은 그리 놀라운 게 아니었습니다만, 마지막 부분에서 단어와 구절의 아름다움을 듣고 도대체 누가 놀라지 않겠습니까? 저는 그 근처에도 이르지 못할 것을 알기에 부끄러워서 도망치고 싶었습니다. 그렇게 할 수만 있다면 말입니다. 198c

아가톤의 이야기는 고르기아스의 연설을 상기시켰습니다. 그래서 정말로 저는 호메로스의 구절에 나오는 것과 같은 경험을 했습니다.[105] 아가톤이 연설을 마치면서 무시무시하게 말을 잘하는 고르기아스의 머리를 제 이야기 쪽으로 내밀어 저를 말 못하는 돌로 만드는 게 아닐까 두려웠거든요.[106] 이때 저는 제 자신이 얼마나 우스꽝스러운지 깨달았습니다. 제 순서가 되면 여러분과 함께 에로스를 찬미하겠노라고 약속했고, 또 제가 에로스에 관해서라면 유능하다고 말했으니 말입니다. 도대체 뭘 찬미해야 하는지도 모르면서요. 저는 어리석어서 찬미할 대상 각각의 진실을 말해야 하고, 이를 바탕으로 그 가운데 가장 아름다운 것을 골라내 최대한 찬미하는 대상에 걸맞게 제시해야 한다고 생각했습니다. 뭔가를 찬미하는 데 따른 진실을 알고 있으니 이를 잘 말할 수 있을 거라고 여기면서 아주 자신만만했던 것이지요. 198d

하지만 뭔가를 아름답게 찬미한다는 건 이보다는 오히려 그 대상에게 가능한 한 가장 위대하고 가장 아름다운 것을 198e

105 《오뒷세이아》 11.634-5에서 오뒷세우스는 고르곤의 머리에 놀라 뒤로 물러난다.
106 고르곤 중 하나인 메두사의 머리를 보는 사람은 돌로 변했다.

바치는 일이었던 듯합니다. 그것이 실제로 그런지 아닌지 상관없이 말입니다. 설령 우리가 말한 내용이 거짓이더라도 별문제 없었던 것이지요. 그러니까 우리 각자가 실제로 에로스를 찬미한다기보다 찬미하는 것처럼 보이게 하자는 게 앞선 제안이었던 듯합니다. 그래서 여러분은 에로스가 이런 분이며, 저런 혜택을 베푼다고 온갖 미사여구를 늘어놓았던 것이지요. 그가 가장 아름답고 가장 훌륭하게 보이도록 말입니다. 이는 알지 못하는 자들에게 그렇게 보이려고 하는 게 분명합니다. 적어도 아는 자들에게는 그러지 못할 테니까요. 여하튼 여러분의 찬미는 아름답고 위엄이 있었습니다.

199a

하지만 저는 에로스를 어떻게 찬미해야 할지 알지 못했습니다. 그런데도 제 순서가 되면 찬미하겠노라고 동의했습니다. 다시 말해 '맹세는 저의 혀가 한 것이지 마음이 아닙니다'.[107] 그러니 제 약속에 이별을 고합니다. 저는 그런 식으로 찬미하지 않을 테니까요. 물론 그렇게 할 수도 없지만요. 하지만 여러분이 원하신다면 진실을 말씀드릴 수는 있습니다. 여러분의 이야기와 겨루지 않고 제 방식대로 말입니다. [여러분과 겨루면] 웃음거리가 될 테니까요.

199b

107 에우리피데스, 《휘폴리토스》 612.

오, 파이드로스[108]여! 당신은 이런 이야기도 필요하다고 여기시는지, 그러니까 에로스에 관해 진실을 듣고 싶으신지 살펴보세요. 제 머릿속에 떠오르는 단어와 구절로 된 이야기라도 좋으신지 말입니다."

그러자 파이드로스와 다른 사람들이 소크라테스에게 원하는 대로 하라고 말했습니다.

소크라테스가 말했습니다. "그러면 오, 파이드로스여! 제가 아가톤에게 몇 가지 사소한 질문을 하도록 허락해주세요. 제가 그의 동의를 얻고서 말씀드릴 수 있도록 말입니다."

파이드로스가 답했습니다. "물론입니다. 질문하세요." 199c

그러자 소크라테스는 다음과 같이 이야기를 시작했습니다.

"오, 아가톤이여! 제가 보기에 당신은 먼저 에로스가 어떤 분인지 밝힌 다음에 그분의 역할을 논해야 한다고 말씀하셨습니다. 그러면서 이야기를 훌륭하게 이끌어가셨습니다. 이렇게 이야기를 시작하시다니 놀랍습니다. 에로스가 어떤 분인지 다른 방식으로 아름답고 훌륭하게 이야기해주셨으니, 이제 다음 이야기도 제게 들려주세요. 에로스가 무언가의 사 199d

108 에로스를 칭송하자는 제안은 파이드로스에서 출발했다. 또한 그는 소크라테스가 아가톤에게 질문하는 것을 막았다.

랑이라고 할 만한 분인가요, 아니면 그 무엇의 사랑도 아닌 분인가요? 지금 저는 에로스가 어떤 특정한 어머니 혹은 아버지의 자식인지 묻는 게 아닙니다. '에로스가 어머니 혹은 아버지에 대한 에로스인가?'라는 질문은 우스꽝스러우니까요. 가령 제가 당신께 '아버지'라는 낱말에 대해 물었다고 합시다. '아버지가 누군가의 아버지인가, 아닌가?'라고 말입니다. 훌륭하게 답변하고 싶다면 물론 '아버지는 아들 혹은 딸의 아버지다'라고 답하시겠지요. 그렇지 않습니까?"

아가톤이 답했습니다. "물론 그렇습니다."

소크라테스가 말했습니다. "그러면 어머니도 마찬가지 아닌가요?"

아가톤이 동의했습니다.

199e 소크라테스가 말했습니다. "몇 가지 질문에 더 답변해주시겠습니까? 제가 어떤 것을 알고자 하는지 당신께서 더 잘 이해하도록 말입니다. 제가 '형제란 그 자체로 누군가의 형제인가요, 아닌가요?'라고 묻는다면 어떻게 답변하시겠습니까?"

아가톤은 "누군가의 형제"라고 답했습니다.

"그렇다면 [형제란] 형제 혹은 자매의 형제이겠지요?"

그러자 아가톤이 동의했습니다.

소크라테스가 말했습니다. "이제 에로스에 대해서 말씀해 보세요. 에로스는 그 어떤 것에 대한 사랑도 아닌가요, 아니면 그 어떤 것에 대한 사랑인가요?"

"당연히 그 어떤 것에 대한 사랑입니다."

소크라테스가 말했습니다. "에로스가 어떤 것에 대한 사랑임을 기억해두고 다음 대답을 해주세요. 에로스가 자신이 사랑하는 바를 욕망하나요, 아닌가요?" 200a

아가톤이 답했습니다. "물론 욕망합니다."

"에로스는 자신이 욕망하고 사랑하는 바를 소유하면서 욕망하고 사랑하나요? 아니면 소유하지 않을 때 그렇게 하나요?"

아가톤이 답했습니다. "아마도 소유하지 않을 때 그렇겠지요."

그러자 소크라테스가 이렇게 말했습니다. "'아마도'가 아니라 '반드시' 그렇지 않을까요? 왜냐하면 자신에게 결여된 것을 욕망하기 마련이고, 결여된 것이 없다면 욕망하지도 않을 테니까요. 오, 아가톤이여! 제가 보기에는 이것이 놀라우리만큼 필연적이라고 생각됩니다만, 당신께서는 어떻게 생각하시나요?" 200b

그가 답했습니다. "저도 그렇다고 생각합니다."

"훌륭하게 말씀하셨습니다. 그러면 키가 큰 사람은 키가 크기를 바랄까요? 또 강한 사람은 강해지기를 바랄까요?"

"앞서 우리가 합의한 내용에 따르면 그건 불가능합니다."

"그건 그런 속성을 가진 자가 이를 결여하지 않았기 때문입니다."

"옳은 말씀입니다."

소크라테스가 말했습니다. "그건 이미 강한 사람이 강해지기를 바라거나 빠른 사람이 빨라지기를 바라고, 또 건강한 사람이 건강해지길 바라는 것이나 마찬가지이기 때문입니다. 아마도 누군가는 이렇게 생각할 겁니다. 이런 모든 속성을 이미 가진 사람이 자신이 가지고 있는 것을 욕망하기도 한다고 말입니다. 우리가 이런 생각에 기만당하지 않도록 말씀드리는 겁니다. 오, 아가톤이여! 이런 것들을 생각해본다면, 그들은 원하든 그렇지 않든 자신이 가지고 있는 것을 지금 이 순간에도 분명 가지고 있는데 도대체 왜 그걸 욕망하겠습니까?

200c

누군가 '나는 건강하지만 건강하길 바라', '나는 부자이지만 부자이길 바라' 또는 '나는 내가 소유하고 있는 걸 간절히 욕망해'라고 말한다면, 우리는 이 사람에게 이렇게 말할 겁니다. '당신은 이미 부와 건강, 힘을 소유하고 있습니다. 그러

200d

니 당신은 이후에도 이것들을 소유하기를 바라야 합니다. 원하든 그렇지 않든, 당신은 지금 이 순간 그것들을 가지고 있으니까요. 따라서 당신이 지금 가지고 있는 것을 욕망한다고 말씀하신다면 지금 가지고 있는 것을 이후에도 가지길 바란다고 말씀하시는 게 아닌지 살펴보세요.' 그러면 이 사람이 우리 말에 동의하겠습니까?"

그러자 아가톤이 그렇다고 답했습니다.

소크라테스가 말했습니다. "이는 그가 아직 갖추지 못했고 소유하지 않은 것을 나중에 갖게 되고 곁에 있기를 원하는 것이겠지요?"

아가톤이 말했습니다. "물론 그렇습니다." 200e

"따라서 이 사람이나 무언가를 욕망하는 다른 모든 사람은 아직 갖추지 못했고 곁에 있지 않은 것을 욕망합니다. 즉, 자신이 소유하지 않은 것, 그러하지 않은 것 그리고 결여하는 것이야말로 욕망과 사랑의 대상이겠지요?"

"물론입니다."

소크라테스가 말했습니다. "자, 지금까지 논의한 것을 요약해봅시다. 먼저 에로스는 어떤 것에 대한 사랑 아닌가요? 다음으로 에로스는 자신이 결여하는 것에 대한 사랑 아닌가요?"

아가톤이 말했습니다. "그렇습니다." 201a

"그렇다면 당신이 에로스가 무엇에 대한 사랑이라고 말씀하셨는지 상기해보세요. 원하신다면 제가 상기시켜드리겠습니다. 제 기억으로 당신은 대략 이렇게 말씀하셨습니다. 즉, 추한[109] 것에 대한 사랑은 존재하지 않으므로, 신들의 일은 아름다운 것들에 대한 사랑으로 확립되었다고 말입니다.[110] 그렇게 말씀하지 않으셨나요?"

아가톤이 답했습니다. "그렇게 이야기했습니다."

소크라테스가 말했습니다. "합당한 말씀입니다, 오, 친구여! 만약 그렇다면 분명 에로스는 아름다움을 사랑하지 추함을 사랑하지 않겠지요?"

아가톤이 동의했습니다.

201b "그런데 우리는 에로스가 결여하고 소유하지 않은 것을 사랑한다는 데 동의하지 않았나요?"

"예."

"그렇다면 에로스는 아름다움을 결여하고, 아름다움을 소유하지 않습니다."

"당연합니다."

109 또는 수치스러운.

110 197b.

"그런데도 당신은 아름다움을 결여하고 결코 소유하지 않은 것을 아름답다고 하시겠습니까?"

"물론 아니지요."

"그래도 당신은 여전히 에로스가 아름답다는 데 동의하시나요?"

아가톤이 답했습니다. "오, 소크라테스여! 제가 그때 아무것도 모르고 그런 말을 한 것 같습니다."

"오, 아가톤이여! 당신 말씀은 훌륭했습니다. 사소한 질문을 하나 더 드릴 테니 답변해주세요. 당신이 보시기에 훌륭한[111] 것이 아름답기도 하지 않은가요?" 201c

"그렇습니다."

"에로스가 아름다운 것을 결여하고, 훌륭한 것이 아름답다면, 그는 훌륭한 것을 결여하고 있겠네요."

아가톤이 말했습니다. "오, 소크라테스여! 저로서는 이를 반박할 수 없습니다. 당신 말씀대로 그렇다고 하시지요."

"오, 친애하는 아가톤이여! 당신께서 반박할 수 없다면 그건 진리일 겁니다. 소크라테스를 반박하기란 전혀 어렵지 않으니까요.

111 또는 좋은.

201d 이제 당신과 나누는 대화는 이 정도로 하고, 일전에 제가 만티네이아[112] 출신 여인에게 들은 에로스에 관한 이야기를 여러분에게 자세히 전해드리도록 하겠습니다. 그녀는 디오티마라는 분이었는데, 이것[113]뿐만 아니라 다른 많은 것들에 대해서도 지혜로웠습니다. 한번은 역병[114]이 돌기 전에 아테나이 사람들에게 제사를 드리도록 해서 그 병을 10년간 지연시킨 적도 있었습니다. 그녀가 바로 저에게 에로스와 관련된 것들을 가르쳐주었습니다. 그녀에게 들은 이야기를 지금부터 말씀드리겠습니다. 저와 아가톤이 동의한 것을 출발점으로 해서, 저 혼자서 할 수 있는 만큼 말입니다.

201e 오, 아가톤이여! 당신이 하신 대로 먼저 에로스가 누구이고 어떤 분인지 밝힌 다음 그의 역할을 이야기해야 할 것 같습니다. 만티네이아에서 온 이방의 여인이 저에게 따져 물으면서 이야기했던 것처럼 이야기를 풀어나간다면 가장 좋을 듯합니다. 저는 조금 전 아가톤께서 저에게 말씀하신 것과 거의 같은 이야기를 그녀에게 했습니다. 에로스가 위대한 신이

112 펠로폰네소스반도에 위치한 도시국가로, 만티네이아라는 지명은 '예언술mantikē'을 연상시킨다.

113 에로스에 관한 일.

114 기원전 430년경 아테나이에 유행했던 전염병.

고 아름다운 것들에 대한 사랑이라고 말입니다. 그러자 그녀는 제가 이분[115]께 했던 그런 논증으로 저를 논박했습니다. 제 논리를 따르면 에로스는 아름답지도 훌륭하지도 않다고 말입니다.

저는 디오티마에게 이렇게 말했습니다. '오, 디오티마여! 무슨 말씀이십니까? 그렇다면 에로스가 추하고 나쁘다는 건가요?'

그녀가 말했습니다. '쉿, 말씀 조심하세요. 당신은 아름답지 않은 건 반드시 추하다고 생각하시나요?'

'물론입니다.' 202a

'그러면 지혜롭지 않은 건 무지한가요? 지혜[116]와 무지 사이에 무언가 존재한다는 걸 알지 못하시나요?'

'그게 뭔데요?'

'근거는 제시할 수 없더라도 올바르게 생각하는 것[117]입니다. 당신은 이런 상태는 아는 게 아니지만—근거를 결여한 게 어떻게 앎일 수 있겠습니까—그렇다고 해서 그것이 무지도 아니라는 사실—존재와 만나는 게 어떻게 무지이겠습니

115 아가톤.

116 sophia: 전문적 지식.

117 ortha doxein.

까—을 알지 못하시나요? 올바른 생각[118]이란 현명함과 무지 사이에 있는 것이 분명합니다.'

제가 말했습니다. '옳은 말씀입니다.'

202b '그러니까 아름답지 않은 건 추하고 훌륭하지 않은 건 나쁘다고 강요하지 마세요. 이와 마찬가지로 당신께서 에로스가 훌륭하지 않고 아름답지도 않다는 데 동의하신다고 해서, 그가 추하고 나쁜 것이어야 한다고 생각하지 마세요. 오히려 그가 이것들 사이에 있는 무언가라고 생각하세요.'

제가 말했습니다. '여하튼 에로스가 위대한 신이라는 데는 모두가 동의합니다.'

그녀가 말했습니다. '여기서 모두라는 말이 무지한 사람인가요, 아니면 앎을 가진 자도 포함되나요?'

'말 그대로 모두라는 뜻입니다.'

그러자 그녀가 웃으면서 말했습니다. '오, 소크라테스여! 202c 어떻게 에로스가 위대한 신이라는 데 그들이 동의하겠습니까? 그들은 에로스가 신이 아니라고 주장하는데요.'

제가 물었습니다. '그들이 누군가요?'

'하나는 당신이고 다른 하나는 저입니다.'

118 orthos doxa: 올바른 믿음, 올바른 견해.

제가 재차 물었습니다. '어떻게 그렇게 말씀하실 수 있지요?'

그러자 그녀가 답했습니다. '그건 쉽습니다. 말씀해보세요. 당신은 모든 신이 행복하고 아름답다고 주장하지 않으시나요? 아니면 어떤 신은 아름답지도 않고 행복하지도 않다고 주장하시겠습니까?'

'제우스께 맹세컨대, 저는 그렇게 말하지 않습니다.'

'그런데 당신은 훌륭한 것들과 아름다운 것들을 소유한 자가 행복하다고 말씀하지 않으셨나요?'

'물론 그렇게 말했습니다.'

'또한 당신은 에로스가 훌륭한 것들과 아름다운 것들을 결여하기에 자신이 결여하는 그 대상을 욕망한다는 데 동의하셨습니다.' 202d

'예, 그랬습니다.'

'그런데 아름다운 것과 훌륭한 것을 하나도 나누어 가지지 않은 자가 어떻게 신일 수 있겠습니까?'

'결코 신일 수 없다고 생각합니다.'

그녀가 말했습니다. '그러면 아시겠습니까? 당신도 에로스를 신이 아니라고 생각한다는 사실을 말입니다.'

제가 말했습니다. '그렇다면 에로스는 뭔가요? 죽는 존재

인가요?'

'물론 아닙니다.'

'그러면 뭐지요?'

그녀가 말했습니다. '앞서 말씀드렸던 것처럼 죽는 것과 불사하는 것 사이의 무언가입니다.'

'오, 디오티마여! 그게 뭔데요?'

'오, 소크라테스여! 에로스는 위대한 신적 존재[119]입니다. 모든 신적 존재는 신과 죽는 존재의 중간에 있으니까요.'

202e

제가 물었습니다. '그는 어떤 능력을 갖고 있나요?'

'사람들의 것은 신들에게, 신들의 것은 사람들에게 해석하고 전해준답니다. 즉, 사람들에게서는 탄원과 제사를, 신들에게서는 명령과 제사를 행한 보답을 전달하는 것이지요. 그러니까 신적 존재는 신과 인간 사이의 간극을 메웁니다. 그래서 전체가 결속되게 합니다. 그로 인해서 모든 예언술이 가능해지고 제사와 의례, 주문과 온갖 예언, 마법에 관한 사제들의 기술도 그를 통해 작동합니다. 신이 사람과 곧바로 섞이는 게 아니라, 신적 존재의 중개로 사람과 교제하고 대화

203a

119 daimōn 또는 daimonion. 이 단어는 신을 의미하기도 하지만 올림포스의 신보다 낮은 존재(정령)를 가리키기도 한다. 여기서 디오티마는 에로스를 신과 인간 사이의 중간적 존재로 기술한다.

를 (깨어 있든 잠들어 있든) 할 수 있습니다. 이런 일에 지혜로운 자는 신적인 사람[120]이지만, 전문 기술이든 수공 기술이든 다른 어떤 것에 지혜로운 자는 수공 기술자에 불과합니다. 이러한 신적 존재는 수도 많고 종류도 다양한데 에로스도 그중 하나입니다.'

제가 물었습니다. '에로스는 어떤 아버지와 어머니에게서 태어났나요?'

그녀가 답했습니다. '그건 아주 긴 이야기이지만 당신께 말씀드리겠습니다. 아프로디테가 탄생했을 때[121] 신들은 연회를 열었습니다. 그 자리에는 메티스[122]의 아들 포로스[123]도 있었습니다. 연회가 끝났을 때, 잔치 때면 그러하듯, 페니아[124]가 구걸하러 와서 문 앞에 서 있었습니다. 이미 포로스는 넥타르—이때는 포도주가 없었으니까요—에 취해 제우스의 정원에서 자고 있었습니다. 가진 게 아무것도 없던 페니아는 포로스에게서 자식이라도 얻어야겠다고 작정하고 그의 곁에 누워 에로스를 잉태했습니다. 이 때문에 에로스는 아프로디

203b

203c

120 daimonios anēr.

121 디오티마는 아프로디테가 제우스와 디오네 사이의 자식이라고 간주하는 듯하다.

122 제우스의 첫 아내이자 아테나 여신의 어머니로, 지혜와 책략의 여신이다.

123 길과 풍요의 신이다.

124 빈곤과 가난의 여신이다.

테의 추종자이자 수행원이 되었습니다. 그는 아프로디테 여신의 생일날 잉태되었고 본성상 아름다운 것을 사랑하는데 아프로디테는 그야말로 아름다운 분이니까요.

하지만 에로스는 포로스와 페니아의 아들이므로 다음과 같은 운명에 처했습니다. 먼저 그는 늘 가난하고, 많은 이가 상상하는 부드럽고 아름다운 존재와는 거리가 멉니다. 오히려 그는 거칠고 건조하며, 신발도 신지 않고, 집도 없고, 침대도 없이 땅바닥에서 자고, 문가와 길거리에서 노숙합니다. 그는 어머니의 본성을 가지고 있어 결핍과 함께 살아갑니다. 동시에 아버지를 닮아서 아름다운 것과 훌륭한 것을 얻으려고 계획하며, 용감하고 대담하며 맹렬합니다. 또 이러저러한 계책을 짜내는 유능한 사냥꾼이고, 현명함[125]을 열망하고 이를 얻을 수완을 지녔습니다. 일생 동안 지혜를 사랑하는 자이자 유능한 마법사, 묘약 제조자, 소피스테스[126]입니다.

203d

그는 본성적으로 불사하는 존재도 아니고 죽는 존재도 아닙니다. 잘 준비되었을 때는 하루 사이에 번성해서 살기도 하지만, 그렇지 않을 때는 죽기도 하고 다시 아버지의 본성 때

203e

125 phronēsis: 지혜.

126 sophistēs: 전문가.

문에 살아나기도 합니다. 그러나 그가 준비한 방도는 늘 새어 나갑니다. 이 때문에 에로스는 아무 방도가 없지는 않지만 그렇다고 부유하지도 않습니다.

또 에로스는 지혜와 무지의 중간에 있습니다. 진실은 다음과 같습니다. 어떤 신도 지혜를 사랑하거나 지혜로워지길 욕망하지 않습니다. 신들은 이미 지혜로우니까요. 다른 누구라도 이미 지혜로운 자는 지혜를 사랑하지 않는 법입니다. 반면 무지한 자도 지혜를 사랑하거나 지혜로워지길 욕망하지 않습니다. 무지의 문제는 아름답지도 훌륭하지도 현명하지도 않은 자가 스스로 만족스럽게 여긴다는 점입니다. 뭔가 결여되어 있다고 여기지 않는 자는 자신이 부족하다고 여기지 않는 바를 욕망하지 않습니다.' 204a

제가 물었습니다. '오, 디오티마여! 이들이 지혜로운 자도, 무지한 자도 아니라면 지혜를 사랑하는 자들은 누구인가요?'

그녀가 답했습니다. '그들은 양극단의 중간에 있으며, 에로스도 이들 중 하나라는 건 삼척동자라도 알 겁니다. 왜냐하면 지혜란 가장 아름다운 것들 중 하나이며 에로스는 아름다운 것에 대한 사랑이니까요. 따라서 에로스는 지혜를 사랑하는 자일 수밖에 없고, 지혜를 사랑하는 자이기에 지혜로운 자와 무지한 자 가운데 있을 수밖에 없습니다. 이는 그의 출생 204b

과 관련이 있습니다. 그의 아버지는 지혜롭고 방도를 갖추었지만 어머니는 지혜롭지도 않고 방도도 갖추지 못했으니까요. 이것이 그 신적 존재의 본성입니다, 오, 친애하는 소크라테스여!

204c 하지만 당신이 에로스를 그렇게 생각하신다고 해도 놀랍지 않습니다. 당신의 말씀으로 미루어 짐작하면, 당신은 에로스가 사랑받는 자이지 사랑하는 자가 아니라고 생각하신 듯합니다. 그래서 당신에게는 에로스가 특출나게 아름답게 보였겠지요. 사실 사랑받을 만한 대상은 아름답고 우아하고 완전하고 복되지만, 사랑하는 자는 제가 지금까지 설명한 것처럼 전혀 다른 모습을 지녔습니다.'

제가 답했습니다. '좋습니다, 오, 이방의 여인이여! 당신의 말이 옳습니다. 그런데 에로스가 그런 분이라면 사람들에게 무슨 쓸모가 있겠습니까?'

204d 그녀가 답했습니다. '오, 소크라테스여! 그건 앞서 말씀드린 내용 다음으로 당신에게 가르쳐주려던 것입니다. 에로스는 앞서 말씀드린 것과 같은 분이고 그렇게 생겨났습니다. 그리고 당신 말씀대로 그는 아름다운 것에 대한 사랑입니다. 하지만 누군가 이렇게 물었다고 합시다. 〈오, 소크라테스와 디오티마여! 에로스가 어떤 점에서 아름다운 것에 대한 사랑이

라는 말인가요?〉 더 분명히 표현하면 〈아름다운 것을 사랑하는 자가 실제로 바라는 것은 무엇인가요?〉'

제가 답했습니다. '그것을 소유하는 것이지요.'

그녀가 말했습니다. '하지만 당신의 답변은 여전히 다음 질문을 불러옵니다. 아름다운 것을 소유함으로써 그가 얻는 건 뭔가요?'

저는 이 질문에 곧바로 답할 수 없다고 말했습니다.

204e

그러자 그녀가 말했습니다. '그러면 아름다운 것 대신 좋은[127] 것으로 질문을 바꾸어 이렇게 물었다고 합시다. 〈오, 소크라테스여! 좋은 것을 사랑하는 자가 실제로 바라는 것은 무엇인가요?〉'

제가 답했습니다. '그것을 소유하는 것이지요.'

'좋은 것을 소유함으로써 그가 얻는 건 뭔가요?'

제가 말했습니다. '그 물음은 더 쉽게 답할 수 있습니다. [좋은 것을 소유하면] 행복해지겠지요.'

205a

그녀가 답했습니다. '그렇습니다. 행복한 자는 좋은 것을 소유함으로써 행복합니다. 그리고 사람들이 왜 행복하길 바라느냐고 캐물을 필요는 없겠지요. 당신의 답변은 질문을 마

127 또는 훌륭한.

무리 지은 것처럼 보이네요.'

제가 말했습니다. '옳은 말씀입니다.'

'당신은 이런 바람이나 이런 사랑이 모든 사람에게 공통된 것이어서, 모든 이가 좋은 것을 늘 소유하길 바란다고 생각하시나요? 아니면 어떻게 생각하시나요?'

제가 답했습니다. '그건 모든 이에게 공통된 바람이고 사랑입니다.'

205b 그녀가 말했습니다. '오, 소크라테스여! 모든 사람이 같은 것들을 늘 사랑한다면 어째서 우리는 모두가 사랑한다고 하지 않고, 어떤 이들은 사랑하고 다른 이들은 그렇지 않다고 말하나요?'

제가 답했습니다. '저도 그게 의아합니다.'

그녀가 말했습니다. '의아하게 생각할 것 없습니다. 우리가 특정 종류의 사랑을 골라서 거기에 전체에 해당하는 이름을 가져다 붙이고 사랑이라고 명명하기 때문입니다. 다른 종류의 사랑은 다른 이름으로 부르면서 말입니다.'

제가 물었습니다. '예를 들어 설명해주실 수 있나요?'

'예를 들어볼게요. 창작[128]에는 다양한 종류가 있습니다.

128 poiēsis: 제작, 창조, 시.

당신도 잘 알고 계실 겁니다. 존재하지 않던 것에서 존재하는 것이 생겨날 때 그 원인이 창작이니까요. 따라서 모든 기술로 제작하는 것은 창작이며, 이것들을 만드는 자는 창작자입니다.' 205c

'옳은 말씀입니다.'

그녀가 계속 말했습니다. '하지만 아시다시피 이들은 창작자라고 일컬어지는 대신 다른 이름으로 불립니다. 창작 전체에서 한 부분, 즉 시가와 운율 부분을 따로 떼어내 전 영역에 해당하는 이름으로 부르는 것이지요. 우리는 이것만을 창작이라고 부르고,[129] 창작 가운데 이 영역을 담당하는 자를 창작자라고 합니다.'

'옳은 말씀입니다.'

'사랑도 마찬가지입니다. 일반적으로 좋은 것과 행복을 추구하는 모든 욕망이 사랑입니다. 가장 강력하고도 술책을 지닌 사랑이지요. 하지만 다른 많은 방식으로, 즉 돈벌이나 체력 단련 또는 지혜에 대한 사랑에 애정을 쏟는 자들은 사랑한다거나 사랑하는 자라고 일컬어지지 않습니다. 반면 어떤 한 종류의 사랑을 추구하고 매진하는 자들은 '사랑', '사랑함', 205d

129 즉, 운율과 시가에 관련된 창작이 창작 전체를 대표한다.

'사랑하는 자'처럼 전체를 대표하는 이름을 얻습니다.'

제가 말했습니다. '옳은 말씀인 것 같습니다.'

205e 그녀가 말했습니다. '자기 반쪽을 찾아다니는 자들이 사랑하는 자라는 이야기가 전해오고 있습니다. 하지만 저는 사랑은 반쪽을 향한 것도, 전체를 향한 것도 아니라고 생각합니다. 만약 오, 친구여! [반쪽 혹은 전체가] 우연히 좋은 게 아니라면 말입니다. 사람들은 자기 신체의 일부가 자신에게 해롭다고 생각하면 발이나 손까지도 절단하려 합니다. 자신의 것이라고 해서 사람들이 이를 반기는 건 아니니까요. 좋은 것을 자신에게 속하는 것으로, 나쁜 것을 이질적인 것으로 부르지 206a 않는다면 말입니다. 그러니까 사람들은 다름 아닌 좋은 것을 사랑합니다. 아니면 달리 생각하시나요?'

제가 답했습니다. '제우스께 맹세컨대, 달리 생각하지 않습니다.'

그녀가 계속 말했습니다. '그러면 사람들이 좋은 것을 사랑한다고 그냥 말해도 될까요?'

제가 답했습니다. '예.'

'이건 어떻습니까? 그들은 좋은 것을 사랑함으로써 그것들이 자신의 소유이기를 바란다는 점도 덧붙여야 하지 않을까요?'

'그렇습니다.'

그녀가 말했습니다. '좋은 것이 그들의 소유일 뿐 아니라 영원히 그들의 소유이길 바란다는 것도 덧붙여야 하지요?'

'예, 그것도 덧붙여야 합니다.'

그녀가 말했습니다. '그러면 이렇게 요약할 수 있습니다. 사랑은 좋은 것을 영원히 소유하고자 하는 욕망이라고요.'

제가 말했습니다. '맞는 말씀입니다.'

그녀가 말했습니다. '사랑이 이렇다면 사람들이 그것을 어떤 방식으로, 어떤 행동을 통해 추구할 때 이 열심과 분투가 사랑이라고 일컬어질 수 있겠습니까? 사랑의 기능이 뭔지 말씀해주실 수 있나요?' 206b

제가 답했습니다. '오, 디오티마여! 제가 답을 알았다면 당신의 지혜에 경탄하지도 않았을 것이고, 이것을 배우려고 당신에게 오지도 않았을 겁니다.'

그녀가 말했습니다. '그렇다면 제가 말씀드리겠습니다. 그것은 육체적으로나 정신적으로 아름다운 것 안에서 출산하는 것입니다.'

제가 말했습니다. '무슨 말씀을 하시는지 해석해줄 예언술이 필요할 듯싶습니다. 도무지 이해할 수가 없습니다.'

그녀가 답했습니다. '더 알아듣기 쉽게 말씀드리겠습니다. 206c

오, 소크라테스여! 모든 사람은 육체적으로나 정신적으로 임신 중입니다. 그러다 특정 나이가 되면 우리 본성은 출산하기를 욕망합니다. 하지만 추한 것 안에서는 출산할 수 없고 오직 아름다운 것 안에서 출산할 수 있지요. 남녀의 동침이 일종의 출산이거든요. 이는 신적인 일입니다. 사멸하는 생물 안에 있는 불사의 요소인 셈이지요. 임신과 출산 말입니다.

206d 이런 일은 조화롭지 않은 것 안에서는 생겨날 수 없습니다. 추한 것은 모든 신적인 것과 조화하지 않지만 아름다운 것은 [신적인 것과] 조화합니다. 따라서 출산에서 아름다움이 운명의 여신[130]과 출산의 여신[131] 역할을 감당합니다.

이런 이유로 임신한 존재가 아름다운 것에 접근하면 호의적이 되고 기뻐서 이완되며 자식을 낳습니다. 반대로 추한 것에 접근하면 우울해지고 고통스러워 위축되며 외면하고 움츠러들어서 출산하지 않습니다. 다만 태아를 뱃속에 담은 채 괴롭게 감내할 뿐입니다. 이 때문에 임신해서 이미 터질 듯

206e 배가 부풀어오른 자는 아름다운 것에 크게 흥분합니다. 왜냐하면 아름다움을 가진 자가 [임신한 자를] 산고産苦에서 해방시

130 Moira.

131 Eileithyia.

켜줄 테니까요. 오, 소크라테스여! 사랑이란 당신이 생각하는 것처럼 아름다운 것에 대한 열망이 아닙니다.'

'그러면 뭔가요?'

'아름다운 것 안에서 자식을 출산하고자 하는 열망입니다.'

제가 말했습니다. '그렇다고 하시지요.'

그녀가 말했습니다. '아니, 분명히 그렇습니다. 하지만 어째서 사랑이 출산에 대한 열망일까요? 출산은 사멸하는 존재에게 영속적이고 불사하는 것이기 때문입니다. 앞서 동의한 207a 것처럼, 사랑이 좋은 것을 항상 소유하고자 하는 열망이라면, 필연적으로 우리는 좋은 것과 더불어 불사를 욕망합니다. 따라서 이런 논의에서 사랑이 불사하고픈 열망이기도 하다는 결론이 따라 나옵니다.'

디오티마는 사랑과 관련된 일들을 이야기할 때마다 위와 같은 모든 것을 저에게 가르쳐주었습니다. 한번은 그녀가 저에게 이렇게 물었습니다. '오, 소크라테스여! 이런 사랑과 욕망의 원인이 무엇이라고 생각하십니까? 들짐승이든 날짐승이든 모든 짐승이 새끼 낳기를 욕망할 때 얼마나 무시무시한 상태에 처하는지 아시나요? 모두가 아프고 사랑에 빠진 상태 207b 에 처하는데, 우선은 서로 교미하고자 하고 다음으로는 태어나는 새끼를 양육하려고 합니다. 이를 위해서는 싸울 각오까지 되어 있습니다. 가장 나약한 자가 가장 강한 자와 죽을 때까지 싸우기도 하지요. 또 이들은 새끼들을 먹이기 위해 스스로 굶주림에 시달리기도 하고 무슨 일이든 합니다. 물론 사람들의 경우에는 이성적으로 추론하기 때문에 이렇게 한다고 생각할 수 있습니다. 하지만 짐승들이 이렇게 사랑에 빠지는 원인은 뭘까요? 그 까닭을 말씀해주실 수 있나요?'

207c

저는 이번에도 모르겠다고 답했습니다. 그녀는 이렇게 대꾸했습니다. '이것도 알지 못하시면서 에로스 문제에서 유능해지려고 하시나요?'

'오, 디오티마여! 방금 말씀드렸듯이 바로 이런 이유로 당신에게 온 겁니다. 제게는 선생님이 필요하니까요. 그러니까 위와 같은 일들이 왜 일어나는지 말씀해주세요. 아울러 에로스 문제에 관련된 다른 일들의 원인에 대해서도요.'

그녀가 말했습니다. '좋습니다. 사랑이 본성상 우리가 여러 차례 동의한 바[132]대로라고 믿으신다고 해도 놀랍지 않습니다. 왜냐하면 이 경우[133]에도 앞서[134]와 같은 이치에 따라

207d

132 사랑이란 아름다운 것 안에서 출산하는 것에 대한 열망이며(206e), 불사에 대한 열망이다(207a).

133 짐승의 경우.

134 사람의 경우.

사멸하는 본성은 가능한 한 영원히 존재하고 불사하는 것을 추구하니까요. 그런데 이는 오직 출산을 통해서만 가능합니다. 출산은 항상 옛것 대신 새것을 대체해서 남기니까요. 각 동물이 살아 있고 같은 개체라고 일컬어지는 동안에도 그러합니다.

가령 사람은 어린 시절부터 노인이 될 때까지 같은 사람이라고들 합니다. 하지만 그가 같은 사람이라고 하더라도 자기 안에 있는 것들이 같지는 않습니다. 오히려 그는 항상 새로워지며 머리카락, 살, 뼈, 피 그리고 몸 전체로 보면 잃는 것도 있습니다. 몸만 그런 게 아닙니다. 영혼도 성격이나 품성, 생각, 욕망, 쾌락과 고통, 두려움이 사람들 각자에게 항상 같은 것으로 있지 않습니다. 어떤 것은 생겨나고 다른 것은 소멸합니다.

207e

이보다 더 놀라운 것은 지식도 생겨나거나 소멸한다는 점입니다. 그래서 지식도 항상 같지 않습니다. 우리가 학습이라고 부르는 것도, 지식이 우리에게서 떠나가기에 존재합니다. 왜냐하면 망각이란 지식이 빠져나가는 것인데, 학습은 빠져나가는 기억 대신 새 기억을 다시 심어줌으로써 지식을 보존하고 같은 지식처럼 보이게 하니까요.

208a

사멸하는 모든 것은 이런 방식으로 보존됩니다. 즉, 신적

인 존재처럼 모든 면에서 늘 같은 것으로 존재함으로써 보존

208b 되는 게 아니라, 늙어 없어지는 것이 또 다른 새로운 것을 남겨놓음으로써 말입니다. 오, 소크라테스여! 이런 방식으로 몸이든 다른 무엇이든 사멸하는 것이 불사에 참여합니다. 하지만 진짜 불사하는 것은 다른 방식으로 보존됩니다. 그러니까 모든 것이 본성적으로 자기 후손을 귀히 여긴다고 하더라도 놀라지 마세요. [사멸하는] 모든 것에 열의와 사랑이 따르는 건 불사를 위해서이니까요.'

저는 이 말을 듣고 놀라서 이렇게 물었습니다. '오, 가장 지혜로운 여인 디오티마여! 정말 그런가요?'

208c 그러자 그녀가 마치 완전한 소피스테스처럼[135] 답했습니다. '잘 알아두세요, 오, 소크라테스여! 사람도 마찬가지라는 걸 아실 수 있을 테니까요. 사람들의 명예욕을 생각해보세요. 이름을 얻고 후세에 영원히 불사의 명성을 쌓고 싶은 욕망 때문에 사람들이 얼마나 끔찍한 상황에 처하는지 상기해보세요. 그러고도 제 말을 이해하지 못하신다면, 당신은 자신의 비합리성에 놀라실 겁니다. 그들은 명성을 얻기 위해서

208d 라면 자기 자식을 위할 때보다 더 큰 위험을 무릅씁니다. 기

135 소피스테스처럼 권위 있게 혹은 단정적, 독단적으로.

꺼이 돈을 지불하고 어떤 고통도 감내하며 심지어 이를 위해 죽기까지 합니다.

당신은 알케스티스가 아드메토스를 구하기 위해 죽고, 아킬레우스가 파트로클로스를 따라 죽고, 여러분의 왕 코드로스가 자식들의 왕국을 지키려 죽었을 거라고 생각하십니까? 만약 그들이 자신의 탁월함이—우리는 그 기억을 지금까지도 가지고 있습니다—영원히 기억될 거라고 생각하지 않았다면 말입니다. 그럴 리가 없겠지요. 오히려 제가 생각하기에 모든 이는 불사의 명예를 위해 그리고 이런 영광스러운 명성을 위해 이 모든 일을 행합니다. 더 나은 사람일수록 더욱 그렇게 합니다. 왜냐하면 이들은 불사를 사랑하니까요.' 208e

그녀가 계속 말했습니다. '육체적으로 임신한 자는 여성에게 더 끌리는데, 다음과 같은 방식으로 사랑에 빠집니다. 자식 낳는 일을 통해, 그들이 생각하는 대로 불사와 기억, 행복을 영원토록 확보하면서 말입니다. 반면에 정신적으로 임신한 자는 영혼이 임신하고 출산하기에 적합한 것을 낳습니다. 그렇다면 영혼이 임신하고 출산하기에 적합한 건 뭘까요? 현명함, 그리고 그 밖의 다른 탁월함입니다. 모든 시인과 발명가라고 일컬어지는 제작자들이 이런 것을 낳습니다. 209a

한편 현명함 중에서 폴리스와 가정의 일들을 다스리는 것

이 가장 크고 아름답게 여겨졌는데, 이는 절제와 정의라고 불

209b 립니다. 어떤 사람이 신적이어서 어려서부터 이런 것들을 영혼 안에 임신하고 있다가 적령기가 되어 출산하기를 욕망한다면, 그는 아름다운 것 안에서 출산하려고 이리저리 찾아다닐 겁니다. 추한 것 안에서는 출산하지 않고자 하는 것이지요.

임신한 그는 추한 몸보다는 아름다운 몸을 환영합니다. 또 아름답고 고결하며 천성 좋은 영혼을 마주치면 그는 둘의 결합[136]을 두 손 들어 반깁니다. 그래서 이런 사람 곁에 있게 되

209c 면 곧바로 탁월함이 무엇이며, 훌륭한 사람이 되려면 어떻게 해야 하고, 어떤 것을 추구해야 하는지 그 사람을 교육시키려 합니다.

제가 생각하기에, 그는 아름다운 자와 접촉하고 교제함으로써 자신이 오래전부터 잉태한 것을 출산합니다. 또 함께 있든 떨어져 있든 그를 기억하면서 출산한 것을 함께 양육합니다. 그렇기에 이런 사람들은 [혈육의] 자식으로 이어진 동반자 관계보다 더 든든한 유대와 확고한 친애를 유지합니다. 더 아름답고 불사하는 자식을 공유하게 되었으니까요. 모든 이는 사람 자식보다 이런 자식이 자신에게 생겨나기를 선호할 겁

136 아름다운 신체와 아름다운 영혼의 결합.

니다. 그리고 호메로스와 헤시오도스 그리고 다른 훌륭한 시인들을 보면서, 이들이 남긴 후손—시인들에게 불사의 명성과 기억을 가져다주는 작품—을 부러워합니다.' 209d

그녀가 계속 말했습니다. '또 다른 예로 뤼쿠르고스[137]가 라케다이몬[138]과 그리스의 구원자로 라케다이몬에 남긴 자식들을 들 수 있습니다. 솔론도 법을 낳았기에 여러분 아테나이 사람들에게 존경을 받습니다. 또 다른 많은 사람이 그리스 사람들에게든 이방인에게든 많은 아름다운 업적을 보여주었고 온갖 탁월함을 낳았습니다. 그래서 이들을 기리는 성전도 벌써 많이 세워졌습니다. 바로 그들의 자식 때문에 말이지요. 그러나 사람 자식 때문에 그런 일이 생긴 적은 한 번도 없습니다. 209e

오, 소크라테스여! 아마도 이것들이 당신이 입문할 사랑의 의식일 겁니다. 하지만 당신이 최종적 비의秘儀—나머지 것들은 이를 향해 바르게 정진하는 수단입니다—에 입문할 수 있을지는 모르겠습니다. 그래도 주저함 없이 기꺼이 말씀드릴 테니 잘 따라오도록 하세요. 210a

137 스파르타의 법률과 군사 조직의 창시자로 알려진 전설적 인물이다. 2차 페르시아 전쟁 당시 스파르타 군대가 페르시아 군대와 싸워 승리해 그리스를 페르시아로부터 구했다.

138 스파르타.

이 길로 올바르게 들어서려면 젊었을 때 아름다운 몸을 향하는 데서 시작해야 합니다. 먼저 인도자가 그를 올바르게 이끌면, 그는 한 [개인의] 몸을 사랑하고 거기서 아름다운 대화[139]

210b

를 낳아야 합니다. 다음으로 그는 깨달아야 합니다. 어떤 한 신체에 속한 아름다움이 다른 신체에 속한 아름다움과 형제지간이라는 사실을 말입니다.

또 모양에서 아름다움을 추구해야 한다면, 모든 신체의 아름다움이 똑같다고 여기지 않는다면 이 또한 바보 같은 짓이라는 사실도 깨달아야 합니다. 이를 깨닫고서 모든 아름다운 몸을 사랑하는 자가 되어 하나의 몸에 매달림을 경멸하고 사소한 것으로 치부하면서 집착을 버려야 합니다.

그다음에 영혼 안에 있는 아름다움이 몸 안에 있는 아름다움보다 더 값지다고 여겨야 합니다. 그래서 누군가가 신체

210c

적 매력은 부족해도 그 영혼이 훌륭하다면 충분하다고 여기고 그를 사랑하고 아끼며, 젊은이들을 더 나은 사람으로 만들어줄 대화를 나누어야 합니다. 이를 통해 관습과 법률 안에 있는 아름다움을 관조해서, 모든 아름다움이 그것[140]과 동

139 logos: 이야기.

140 관습과 법률 안에 있는 아름다움.

류라는 것을 알게 될 수밖에 없게끔 말입니다. 그래서 신체와 관련된 아름다움은 상대적으로 사소하게 여기도록 말입니다.

인도자는 관습 이후에 지식으로 이끌어서, 지식의 아름다움을 볼 수 있도록 해야 합니다. 그렇게 여러 아름다움을 지켜봐야만 우리는 더 이상 소년이나 특정 사람, 또는 한 관습의 아름다움을 사랑하면서 마치 종처럼 한 대상 속의 아름다움에 노예 노릇을 하면서 보잘것없고 작은 일에 연연하지 않습니다. 오히려 우리는 아름다움의 넓은 바다로 향하게 되고, 이를 관조하면서 지혜에 대한 무한한 사랑 속에서 아름다운 대화와 사고를 많이 낳게 됩니다. 거기서 힘을 얻고 성장해서 하나의 지식, 즉 아름다움에 관한 지식을 직관할 때까지 말이지요. [이 아름다움의 본성을 이제부터 기술할 테니] 최대한 주의를 기울여보세요.'

210d

210e

그녀가 계속 말을 이어갔습니다. '아름다운 것들을 차례대로 올바르게 바라보면서 에로스에 관련된 일에서 여기까지 인도된 자는, 이제 에로스와 관련된 일들의 종착점에 도달해서 뭔가 놀라운 것, 즉 본성상 아름다운 것을 갑자기 보게 됩니다. 오, 소크라테스여! 앞서 기울인 모든 노고는 이것을 위해서였습니다.

211a 우선 그것[141]은 영원해서 생성되지도 소멸되지도 않으며, 증가하지도 감소하지도 않습니다. 다음으로 그것은 어떤 점에서는 아름답지만 다른 점에서는 추한 것도 아니고, 어떤 때는 아름답지만 다른 때는 추한 것도 아닙니다. 어떤 것에 관해서는 아름답지만 다른 것에 관해서는 추한 것도 아니며, 어떤 이에게는 아름답지만 다른 이에게는 추해서 여기서는 아름답지만 저기서는 추한 것도 아닙니다. 또한 그 아름다움은 마치 얼굴이나 손 등 신체의 다른 부분이 아름답게 보이는 것처럼 보이지도 않고, 대화나 지식으로 나타나는 것도 아닙니다. 다른 무언가의 안, 즉 생물 안에 있거나 땅속이나 하늘에 있지도, 또 다른 무언가의 안에 있는 것도 아닙니다.

211b 오히려 아름다움은 그 자체로 늘 단일 형상[142]으로 존재하며, 다른 모든 아름다운 것은 다음의 방식으로 그 아름다움에 가담합니다. 즉, 다른 것들이 생성되거나 소멸할 때에도 아름다움 자체는 더 많아지거나 적어지지 않으며 아무런 변화도 겪지 않으면서 말입니다.

어떤 사람이 올바르게 소년을 사랑함으로써 아름다운 것

141 본성상 아름다운 것, 즉 아름다움의 이데아(아름다움 그 자체).

142 monoeides.

들로부터 상승하다가 그 아름다움을 직관하기 시작하면 그는 종착점에 이른 것이나 다름없습니다. 에로스와 관련된 일들로 올바르게 나아가거나 다른 이에게 인도되는 것은 다음과 같으니까요. 즉, 이곳의 아름다운 것들에서 시작해서 저 아름다움을 위해 늘 올라가는 것 말입니다.[143] 마치 사다리를 이용하는 사람처럼, 그는 하나의 아름다운 몸에서 두 개의 아름다운 몸으로, 두 개의 아름다운 몸에서 모든 아름다운 몸들로, 또 아름다운 몸들에서 아름다운 관습들로, 아름다운 관습들에서 아름다운 배움들로 그리고 배움들에서 마침내 저 배움, 즉 다름 아닌 아름다움 그 자체의 배움에 도달합니다. 결국 아름다움 자체가 무엇인지 알게 됩니다.' 211c

만티네이아에서 온 이방의 여인이 말했습니다. '오, 친애하는 소크라테스여! 만약 가치 있는 삶이 어딘가에 존재한다면 이런 삶이야말로 사람이 살 만합니다. 아름다움 자체를 관조하면서 사는 것 말입니다. 이런 아름다움을 보신다면 그 아름다움이 황금이나 의복, 아름다운 소년과 청년과는 비교할 수도 없다고 생각하실 겁니다. 지금은 아름다운 소년과 청년 211d

143 디오티마는 '이곳(감각 세계)의 아름다운 것들(감각 대상)'을 '저 아름다움(아름다움의 이데아)'과 구분하고 있다.

을 보고 당신과 많은 다른 사람들이 넋이 나가서 할 수만 있다면 먹지도 마시지도 않은 채 그들을 바라보면서 늘 함께 있을 준비가 되어 있지만 말입니다.'

211e 그녀가 계속 말했습니다. '만약 누군가가 완전하고 순수하며 아무런 불순물도 섞이지 않은 아름다움 자체를 보게 된다면 어떨 거라고 생각하시나요? 사람의 살과 피부와 다른 많은 사멸 가능한 멍청한 것들로 오염되지 않고, 신적인 아름다움 그 자체를 하나의 형상으로 보게 된다면 말입니다. 212a

당신은 그쪽을 바라보면서 마땅한 수단으로 아름다움을 관조하며 이와 함께 지내는 사람의 삶이 형편없다고 생각하십니까? 오히려 오직 그만이 아름다움을 바라볼 수단[144]으로 그쪽을 바라보면서[145] 살 때, 탁월함의 모상이 아니라 참된 탁월함을 낳는 게 가능하리라고 생각하지 않으십니까? 그가 접촉하는 것은 모상이 아니라 참된 것이니까요. 그리고 참된 탁월함을 낳아 기른다면 그는 비로소 신의 사랑을 받게 됩니다. 사람들 중 누군가가 불사하게 된다면 바로 이런 사람이겠지요.'

144 플라톤은 이를 '영혼의 눈' 또는 '지성nous'이라고 이해한다(《국가》 533d 참고).

145 아름다움의 이데아 쪽을 바라보면서.

오, 파이드로스와 다른 모든 이들이여! 이것이 디오티마가 저에게 하신 말씀이고, 저는 이 말에 설득되었습니다. 그래서 다른 사람도 설득하려고 합니다. 인간 본성이 이런 목적을 성취하는 데 에로스보다 더 나은 동역자를 쉽게 발견할 수 없다는 것을 말입니다. 212b

이런 이유로 모든 사람이 에로스를 귀히 여겨야 한다고 생각하며, 저 자신도 에로스와 관련된 일을 귀히 여기고 부단히 연구하고 있습니다. 다른 사람도 그렇게 하기를 권합니다. 저는 지금도 그렇지만 앞으로도 능력이 되는 한 에로스의 능력과 용기를 찬양할 겁니다. 그러니까 오, 파이드로스여! 원하신다면 이 이야기를 에로스에 대한 저의 찬미 연설로 간주해 주세요. 아니면 당신이 부르고 싶은 명칭이나 마음에 드는 방식으로 부르세요." 212c

아리스토데모스에 따르면, 소크라테스가 이렇게 말했을 때 다른 사람들은 칭찬했지만 아리스토파네스는 무슨 말인가를 하려 했다고 합니다. 소크라테스가 아리스토파네스의 이야기를 언급했으니까요. 그런데 이때 갑자기 대문을 세차게 두드리는 소리가 들렸다고 합니다. 주정꾼 패거리 같았답니다. 그리고 피리 부는 소녀의 소리가 들렸습니다.

향연을 방해하는 만취한 알키비아데스

알키비아데스가 초대도 받지 않고 만취한 채 등장해서 향연을 방해하고 있다. 이탈리아의 화가 피에트로 테스타Pietro Testa가 그린 판화다(1648).

그러자 아가톤이 하인들에게 말했습니다. "얘들아, 가서 살펴보아라. 내가 아는 사람이면 이리 모셔오고, 그렇지 않으면 우리가 술을 마시지 않고 있고 이제 모임을 파하려는 참이라고 전해라." 212d

오래지 않아 마당에서 알키비아데스의 목소리가 들렸습니다. 그는 만취해서 소리를 질러대며 아가톤이 어디 계시냐고 물으면서 자신을 아가톤에게로 안내하라고 요구했습니다. 곧 그는 피리 부는 소녀와 몇몇 시종들의 부축을 받으며 문 앞에 나타났습니다. 머리에 담쟁이덩굴과 제비꽃으로 촘촘하게 엮은 화관을 쓰고 아주 많은 리본을 두른 채 말입니다. 212e

알키비아데스가 말했습니다. "사람들이여! 안녕하십니까? 이미 만취한 사람도 술자리에 받아주시겠습니까? 아니면 아가톤에게 화관—이것 때문에 온 것입니다만—만 씌워주고 갈까요? 아시다시피 저는 어제는 올 수가 없었지만 지금은 이렇게 머리에 리본을 두르고 왔습니다. 이 화관을 제 머리에서 벗겨서 가장 지혜롭고 아름다운 사람의 머리—이렇게 말해도 된다면 말입니다만—에 씌워주려고 말입니다. 제가 만취했다고 비웃으시겠습니까? 여러분이 비웃을 수도 있지만, 213a 저는 제가 진실을 말하고 있다는 것을 잘 압니다. 그러니 말씀해주세요. 제가 들어갈까요, 말까요? 저와 함께 마시겠습니까, 아닙니까?"

그러자 모두가 큰 소리로 알키비아데스더러 들어와서 자리를 잡으라고 말했고, 아가톤도 들어오라고 했습니다. 알키비아데스는 일행의 부축을 받으며 안으로 들어왔습니다. 그러고는 아가톤에게 씌워주려고 자기 머리에 두른 리본을 풀었는데, 이때 리본이 눈앞을 가려 소크라테스를 알아보지 못하고 아가톤 곁에 앉았습니다. 소크라테스와 아가톤 사이에 말입니다. 소크라테스가 알키비아데스를 보고 자리를 옮겼습니다. 알키비아데스는 아가톤 곁에 앉으면서 반갑게 인사하며 리본을 그의 머리에 둘러주었습니다.

213b

아가톤이 말했습니다. "얘들아, 알키비아데스의 신발을 벗겨드려라. 이분이 침상 세 번째 자리에 앉을 수 있도록 말이다."[146]

그러자 알키비아데스가 말했습니다. "좋은 생각입니다. 그런데 우리 둘과 함께 침상에 앉으신 세 번째 술동무가 누군가요?" 그는 이렇게 말하고 몸을 돌리다가 소크라테스를 발견하고는 벌떡 일어났습니다. 그러고는 이렇게 말했지요. "오, 헤라클레스여! 이게 무슨 일인가요? 이분은 소크라테스

146 아가톤의 침상은 3명이 함께 앉을 정도로 컸다.

가 아닌가요? 또 거기 숨어 저를 기다리고 계셨군요. 전에도 당신이 계시리라 전혀 생각지도 않은 곳에 갑자기 나타나시더니, 오늘은 무슨 일로 오셨나요? 어째서 여기 앉아 계시죠? 아리스토파네스처럼 웃기는 사람이나 그렇게 되길 바라는 사람 곁도 아닌, 이 안에 계신 분들 중 가장 아름다운 사람 곁에 앉아 계시다니, 뭔가 술책을 부리신 거군요." 213c

그러자 소크라테스가 말했습니다. "오, 아가톤이여! 저를 도와주시겠습니까? 이 사람을 향한 저의 사랑이 더 이상 사소하지 않은 문제가 되었거든요. 이 사람을 사랑하게 된 이래로 저는 아름다운 이를 단 한 사람이라도 쳐다보거나 대화할 수 없게 되었습니다. 이 사람이 질투하고 시기해서 놀라운 일들을 저지르니까요. 저를 매도하고 거의 손찌검 직전까지 가면서 말입니다. 그러니 지금도 그가 무슨 일을 저지르지 않도록 살펴보시고 우리를 화해시켜주세요. 또한 그가 폭력을 행사하려 하면 도와주세요. 저는 이 사람의 광기와 애인에 대한 집착이 몹시 두렵습니다." 213d

그러자 알키비아데스가 말했습니다. "저와 당신 사이에 화해란 불가능합니다. 지금 하신 말씀에 대해서는 나중에 갚아드리지요. 하지만 지금은 오, 아가톤이여! 이분의 놀라운 머리에도 둘러드리게 리본을 조금 나누어주세요. 그래야 제 213e

가 당신 머리에는 둘러주고 자신에게는 둘러주지 않았다고 비난하지 않을 테니까요. 이분은, 당신이 엊그제 그런 것처럼 이야기로 한 번만 이긴 것이 아니라 늘 모든 사람을 이기니 말입니다."

이렇게 말하면서 알키비아데스는 리본을 조금 얻어서 소크라테스에게 둘러주었습니다. 그러고는 침상에 자리를 잡은 후 말을 이어갔습니다. "사람들이여, 제가 보기에 여러분은 정신이 멀쩡한 것 같군요. 그래서는 안 되지요. 당신들도 마셔야겠습니다. 그렇게 하기로 동의하지 않았습니까?[147] 여러분이 충분히 마실 때까지 술자리를 이끌 사람을 제가 고르겠습니다. 저 자신으로 말입니다. 아가톤이여, 큰 잔이 있으면 가져오라고 하세요. 아니, 그럴 필요 없습니다. 얘야, 저기 있는 술통을 가져오거라."

214a

알키비아데스는 8코튈레[148]가 넘게 들어가는 술통을 가리켰습니다. 그는 그 술통에 술을 가득 채운 후 먼저 자신이 다 마셨습니다. 그러고는 소크라테스에게 술을 부어주라고 명하면서 이렇게 말했습니다. "오, 사람들이여! 이분에게는 저의

147 213a.

148 1코튈레는 4분의 1 리터에 해당한다. 따라서 8코튈레는 2리터가량이다.

술책이 아무 소용이 없습니다. 이분은 아무리 많이 마셔도 전혀 취하지 않으니까요."

노예 소년이 술을 따랐고, 소크라테스는 이를 마셨습니다.

이때 에뤽시마코스가 말했습니다. "오, 알키비아데스여! 도대체 우리가 지금 뭘 하고 있는 겁니까? 아무 말도 하지 않고 노래도 부르지 않은 채 그저 목마른 자들처럼 술만 마셔 댈 건가요?" 214b

알키비아데스가 말했습니다. "오, 가장 훌륭하고 절제력 있는 아버지의 가장 훌륭한 아들이신 에뤽시마코스여! 인사드립니다."

그러자 에뤽시마코스가 말했습니다. "당신께도 인사드립니다. 당신은 우리가 어떻게 하기를 바라시나요?"

"당신께서 명하시는 대로 해야겠지요. 당신 말씀에 순종해야 하니까요. 의사 한 사람의 가치가 다른 많은 이들과 맞먹으니까요.[149] 그러니 원하시는 대로 처방을 내리세요."

그러자 에뤽시마코스가 이렇게 말했습니다. "들어보세요. 당신이 오기 전에 우리는 왼쪽에서 오른쪽으로 돌아가면서 차례대로 이야기하기로 했습니다. 에로스를 가능한 한 아름 214c

149 《일리아스》 11.514.

답게 찬미하기로 말이지요. 그런데 우리는 모두 이야기했지만 당신은 이야기도 하지 않고 술만 마셔댔습니다. 그러니 이제 당신이 말씀하실 차례입니다. 말씀을 마친 다음에는 소크라테스에게 시키실 수 있습니다. 그래서 그분이 오른쪽 사람에게 그렇게 하고 다른 사람들도 그렇게 하도록 말입니다."

알키비아데스가 말했습니다. "오, 에뤽시마코스여! 훌륭한 말씀입니다. 하지만 술 취한 사람의 이야기를 제정신인 사람의 이야기에 견준다면 공정하지 않습니다. 그리고 오, 복받은 자여! 당신은 소크라테스가 지금 한 말을 진짜 믿습니까? 진실은 그의 말과 정반대라는 걸 아시나요? 이분이야말로 저에게 손찌검하길 주저하지 않을 분입니다. 이분이 곁에 있는데도 신이든 사람이든 다른 누군가를 찬미한다면 말입니다."

214d

소크라테스가 말했습니다. "말조심하세요."

알키비아데스가 말했습니다. "포세이돈께 맹세컨대, 이 일이라면 아무 말 마세요. 저는 당신이 곁에 계시면 다른 어느 누구도 칭송하지 못하니까요."

에뤽시마코스가 말했습니다. "원하신다면 그렇게 하세요. 소크라테스를 찬미해보세요."

214e

알키비아데스가 말했습니다. "그게 무슨 말씀인가요? 제가 그래야 한다고 생각하시나요? 오, 에뤽시마코스여! 정말로 제가 여러분 앞에서 이분을 공격하여 앙갚음하라는 건가요?"

소크라테스가 말했습니다. "이제 어쩔 셈인가요? 저를 찬미해서 웃음거리로 만들 건가요? 아니면 뭘 하시려는 건가요?"

"당신이 허락해주신다면 진실을 말하겠습니다."

소크라테스가 말했습니다. "물론 진실을 말씀하시겠다면 허락하겠습니다. 아니, 진실을 말하도록 명령하겠습니다."

그러자 알키비아데스가 이렇게 말했습니다. "그럼 당장 시작하겠습니다. 하지만 당신도 제가 참되지 않은 말을 하면, 중간에 제 말을 막고 제가 거짓말을 하고 있다고 말씀하세요. 제가 고의로 거짓말하는 일은 없을 테니까요. 하지만 제가 사건을 상기하면서 이럴 땐 이렇게 이야기하고 저럴 땐 저렇게 이야기하더라도 놀라지 마세요. 저같이 취한 사람이 당신의 특이함[150]을 유창하게 열거하기란 결코 쉬운 게 아니니까요. 215a

오, 사람들이여! 저는 비유를 들어 소크라테스를 찬미하겠습니다. 아마도 이분은 자기를 우습게 하려고 제가 이렇게 한다고 여길 겁니다. 하지만 저의 비유는 우스개가 아니라 진리를 위해서입니다. 저는 이분이 조각가의 공방에 놓여 있는 실

150 atopia: 이상함.

215b 레노스[151]들과 매우 비슷하다고 주장합니다. 조각가들이 팬플루트나 피리를 들고 있는 모습으로 만드는 조각상 말입니다. 그 조각상 안에는 작은 신상神像들이 들어 있습니다. 이분은 그중에서 특히 사튀로스인 마르쉬아스[152]와 닮았습니다. 오, 소크라테스여! 당신의 외양이 이들과 닮았다는 데는 이의를 제기하지 않으시겠지요. 이제 다른 점에서도 당신이 이들과 얼마나 닮았는지 들어보세요.

당신은 무례한 분입니다.[153] 아닌가요? 이에 동의하지 않으신다면 저는 증인을 제시하겠습니다. 또 당신은 피리 연주자가 아니신가요? 그것도 마르쉬아스보다 훨씬 놀라운 연주

215c 자입니다. 마르쉬아스는 자기 입에서 나오는 능력으로 피리를 연주해서 사람들을 매혹시켰고, 지금도 그의 음악을 연주하는 자는 우리를 매혹시킵니다.

저는 올륌포스가 연주하던 곡이 마르쉬아스의 곡이라고 주장합니다. 올륌포스를 가르친 게 마르쉬아스이니까요. 그

151 반인반수의 괴물인 사튀로스처럼 들창코에 툭 튀어나온 눈을 가진 정령이다.

152 사튀로스 종족 중 하나이며, 피리 불기에 능했으나 아폴론과 대결했다가 패해서 가죽을 벗기는 형벌을 당했다.

153 사튀로스의 무례함은 만취해서 저지르는 폭력과 성적 공격이다. 반면 소크라테스는 냉소적, 반어적 태도로 대화 상대에게 공격당하는 듯한 느낌을 준다.

러니까 훌륭한 피리 연주자가 연주하든 보잘것없는 피리 부는 소녀가 연주하든 마르쉬아스의 곡은 사람들을 신들리게 하며, 신들과 입문 의식을 필요로 하는 사람이 누구인지 드러내줍니다.[154] 왜냐하면 그의 곡은 신적이니까요.

그런데 당신[155]은 악기도 없이 그저 말만으로도 같은 효과를 낸다는 점에서 마르쉬아스와 다릅니다. 가령 우리가 다른 누군가의 말을 들을 때는, 설령 그가 아주 훌륭한 연설가라고 하더라도 전혀 개의치 않습니다. 하지만 당신 말씀을 듣거나 다른 사람이 전해주는 당신 말씀을 들을 때는, [당신 말씀을] 전하는 자가 아무리 하찮더라도, 또 그것을 듣는 이가 여자든 남자든 미성년자든 간에 그 말에 경탄하고 사로잡힙니다. 오, 사람들이여! 제가 완전히 만취했다고 여기시는 게 아니라면, 이분의 말씀으로 제가 무슨 일을 겪었고 지금도 여전히 겪고 있는지를 여러분에게 맹세하면서 말씀드리겠습니다. 215d

이분의 말씀을 들을 때마다 그 말씀들 덕분에 저는 코뤼반테스보다 더 광기에 사로잡혀 심장이 두근거리고 눈물이 쏟아져나옵니다. 다른 많은 사람들도 저와 같은 증상을 겪는 것 215e

154 올륌포스는 소아시아 프뤼기아 지방의 음악가로 그의 음악은 정신적으로 어려움을 겪는 자들을 진단하는 능력이 있었다고 한다.

155 소크라테스.

을 목격합니다. 페리클레스[156]나 다른 훌륭한 연설가들의 말을 들을 때는 그들이 말을 잘한다고 생각했을 뿐 이런 일은 겪지 않았습니다. 제 영혼이 동요하지도 않았고, 제가 노예 상태에 처해 있다는 생각으로 언짢아지지도 않았습니다. 하지만 여기 계신 마르쉬아스[157]의 말씀을 들으면 저는 종종 그런 상태에 빠져서 제 삶의 방식이 쓸모가 없다고 생각될 정도였습니다.

216a

오, 소크라테스여! 당신은 이것이 진실이 아니라고 부정하지 않으실 겁니다. 지금 저는 제 자신을 잘 알고 있습니다. 이분 말씀에 귀 기울이려고 하면 버티지 못하고 같은 일을 또다시 겪게 되리라는 것을 말입니다. 이분은 제가 많이 부족한데도 스스로를 등한시하고 아테나이 사람들의 일[158]을 하려 한다고 동의하도록 강요하거든요. 그래서 저는 마치 세이렌들에게서 피하듯 억지로 귀를 막고 도망쳐나옵니다. 혹시라도 그의 곁에 앉아서 남은 삶을 허비하지 않도록 말입니다.

216b

저는 어느 누구도 제 마음속에 있으리라 여기지 않는 것, 즉 누군가에게 수치를 느끼는 일을 이분과의 관계에서만 겪

156 기원전 495~429년경. 아테나이의 황금기를 이끈 정치 지도자이자 연설가다.
157 소크라테스.
158 정치 행위.

었습니다. 이분이 명하는 바를 반드시 이행해야 하는 건 아니라고 생각합니다. 여기에 제 자신이 반박할 수는 없지만, 이분에게서 떠나면 대중의 평판에 굴복하게 되리라는 것을 잘 알기 때문입니다. 그래서 저는 마치 도망치는 노예처럼 이분을 피해 달아나면서도, 다시 만나면 이분과 약속한 것들 때문에 수치스러워합니다. 저는 종종 이분이 [살아 있는] 사람들 가운데서 사라지는 것을 봤으면 좋겠다고 생각하면서도 막상 그렇게 되면 기쁘기보다는 고통스러울 것임을 잘 압니다. 그래서 저는 이분을 어떻게 대해야 할지 모르겠습니다. 216c

여기 계신 이 사튀로스[159]의 피리 연주로 인해 저와 많은 이들이 위와 같은 일을 겪었습니다. 이제 제 말씀을 들어보세요. 이분이 제가 비유한 것과 얼마나 닮았는지, 또 얼마나 놀라운 능력을 가졌는지 말입니다. 여러분 중 어느 누구도 이분을 실제로 알지 못한다는 것을 명심하세요. 하지만 이제 이야기를 시작했으니 [이분의 진짜 모습을] 보여드리겠습니다. 216d

여러분이 보시다시피 소크라테스는 아름다운 이들과 사랑에 빠지고 늘 그들 주위에 머물며 매혹됩니다. 또 완전히 무지하여 아무것도 아는 것이 없습니다. 이분의 이런 겉모습은

159 소크라테스.

실레노스 같지 않나요? 당연히 그렇습니다. 이분은 마치 실레노스 조각상 같은 외양을 겉에 두르고 있습니다. 하지만 그의 내면을 열어 보면 오, 술동무들이여! 그가 얼마나 절제되어 있는지 상상할 수도 없을 겁니다. 이를 잘 알아두세요. 아무리 아름다운 자가 있더라도 이분은 전혀 관심이 없답니다. 오히려 누구도 상상하지 못할 정도로 [아름다운 외모를] 멸시합니다. 그것은 부자, 많은 이가 복받은 자로 여기는 자들의 다른 명예도 마찬가지입니다.

216e

이분은 이런 모든 소유가 아무 가치도 없으며, 여러분에게 단언하건대, 우리가 아무것도 아닌 자들이라고 여깁니다. 그는 무지한 체하면서 일생 동안 사람들을 놀리며 지냅니다. 하지만 이분이 진지할 때 내면을 열어젖혀서 그 안의 조각상을 발견한 사람이 있는지 모르겠습니다. 저는 전에 한 번 보았거든요. 제겐 그 조각상이 신적이고 황금을 휘두른 것처럼 보였습니다. 너무 아름답고 놀라워서, 한마디로 저는 소크라테스의 명은 무엇이든 따라야겠다고 느꼈습니다. 그리고 이분이 저의 출중한 외모에 진심이라고 여겼을 때, 이는 상서로운 일이자 놀라운 행운이라고 생각했습니다. 소크라테스를 기쁘게 함으로써 그가 아는 것을 전부 들을 수 있을 거라고 여겼으니까요. 그만큼 제 외모에 자신만만했습니다.

217a

이렇게 생각하고서, 그전에는 시종 없이 이분과 있어본 적이 없었지만, 그때는 시종을 내보내고 둘이 함께 있게 되었습니다. 여러분에게 진실을 모두 말씀드리고자 하니 주의를 기울여주세요. 그리고 오, 소크라테스여! 제가 거짓말을 하고 있다면 반박해주세요. 여하튼 오, 사람들이여! 저는 이분과 단둘이 있게 되었고, 이분이 곧 사랑하는 자가 소년에게 할 법한 내밀한 이야기를 하시겠구나 생각하면서 기뻐했습니다. 하지만 그런 일은 일어나지 않았습니다. 오히려 이분은 평상시처럼 대화를 나누고 하루를 함께 보낸 뒤 떠나버렸습니다. 217b

그 후 저는 이분에게 운동하자고 청해서 함께 운동도 했습니다. 그럼 뭔가 이루어질 거라고 생각하면서 말이지요. 우리는 여러 번 레슬링 경기도 했습니다. 다른 사람은 없었습니다. 하지만 무슨 말이 필요하겠습니까? 더 이상 아무 진전도 없었습니다. 이런 식으로는 아무것도 이룬 게 없었기에, 이 남자를 정면으로 공략해야겠다는 생각이 들었습니다. 일단 시작한 이상 포기하지 않고 상황이 어떻게 돌아가는지 살펴보아야겠다고 생각한 것이지요. 그래서 이분을 저녁 만찬에 초대했습니다. 마치 사랑하는 자가 사랑받는 소년에게 계략을 세우듯 말입니다. 그때도 이분은 저의 초대에 바로 응하지는 않았지만 나중에는 설득되었습니다. 217c

217d 처음에 이분은 만찬이 끝난 뒤 곧바로 떠나려고 했습니다. 저는 수치스러워서 이분을 가게 내버려두었습니다. 하지만 다시 일을 꾸몄고, 이번에는 만찬을 마치고 밤늦도록 계속 대화를 나누었습니다. 마침내 이분이 떠나기를 원하자, 저는 너무 늦었다고 핑계를 대면서 우리 집에 머무르도록 강권했습니다. 그래서 이분은 제 옆 침상에서 쉬게 되었습니다. 만찬 때 식사했던 침상 말입니다. 그 방에서 자는 사람은 우리 둘뿐이었습니다.

217e 여기까지는 누구나 들어도 좋을 법한 이야기입니다. 하지만 지금부터 드릴 말씀은, 우선 속담[160]처럼 아이들이 있든 없든 포도주가 진실이 아니라면 여러분에게 들려드릴 수 없는 이야기입니다. 다음으로 소크라테스를 찬미하겠다고 나선 제가 이분의 오만한 행위를 침묵하고 넘어가기란 부당한 처사인 듯합니다.

더욱이 독사에 물린 느낌이 아직도 저를 사로잡고 있는데, 사람들이 말하길 이런 느낌을 가진 사람은 독사에 물려본 사람에게만 그 느낌을 고백하려 한다고 합니다. 독사에 물린 사람이 고통스러워서 온갖 것을 행하거나 말하더라도, 물려본

218a

160 '진실은 포도주와 아이들(노예 소년들)로 인해 밝혀진다.'

사람만이 그를 이해하고 용납할 테니까요. 그런데 저는 독사보다 더 큰 고통을 주는 것에게 가장 고통스러운 곳을 물렸습니다. 심장이나 영혼 또는 뭐라고 부르든 간에 그런 곳을 지혜 사랑에 속하는 이야기로 타격받고 물렸지요.

이 이야기가 재능 있는 청년의 영혼을 사로잡으면 독사보다 더 사납게 붙들고 늘어져서 무엇이든 행하고 말하게 합니다. 파이드로스와 아가톤, 에뤽시마코스, 파우사니아스, 아리스토데모스 그리고 아리스토파네스가 여기 보이고(소크라테스 자신은 말할 필요도 없겠지요) 다른 분들도 보이는데, 여러분 모두는 지혜 사랑의 광기와 광란에 동참한 적이 있습니다. 그러므로 여러분 모두 듣게 될 겁니다. 제가 전에 행한 바와 지금 말하는 것을 여러분은 용납해줄 테니까요. 하지만 너희 시종들과 비의에 입문하지 않은 속된 자들은 귀에 아주 커다란 문을 달아놓고 듣지 말거라.[161]

218b

그러니까 오, 사람들이여! 등불이 꺼지고 시종들도 밖으로 나갔으니 더 이상 이분에게 애매하게 이야기하지 말고 솔직하게 말해야겠다고 생각했습니다. 그래서 저는 이분을 흔들

218c

161 이 구절에서 플라톤은 철학(지혜 사랑)을 마치 신비 종교의 비의(가령 오르페우스교나 엘레우시스의 신비 의식)와 유사한 것으로 이해한다. 따라서 알키비아데스는 철학에 입문하지 않은 노예들이 지금부터 하는 이야기를 듣지 말 것을 요구한다.

알키비아데스의 유혹에서 벗어나려는 소크라테스

소크라테스는 육체의 유혹에서 벗어나기 위해 알키비아데스를 떼어놓으려고 한다. 프랑스의 화가 장바티스트 르뇨Jean-Baptiste Regnault의 작품이다(1791). 캔버스에 유채.
(프랑스 루브르박물관 소장)

면서 말했습니다. '오, 소크라테스여! 주무십니까?'

이분이 답했습니다. '아니요, 전혀.'

'제가 무슨 생각을 했는지 아시나요?'

이분이 말했습니다. '도대체 뭔가요?'

제가 말했습니다. '당신이야말로 저를 사랑하실 수 있는 유일한 분입니다. 하지만 저에게 그걸 밝히기를 주저하시는 듯하네요. 제 생각은 이렇습니다. 제가 당신을 기쁘게 하지 않는다면 정말 바보 같은 일이라고 생각합니다. 비단 이 일뿐 218d 만 아니라 저의 재산이나 제 친구들의 문제도 말이지요. 제게는 가장 훌륭해지는 것이 무엇보다 중요합니다. 또 이를 위한 조력자로 당신보다 더 유력한 사람은 없다고 생각합니다. 저로서는 당신을 기쁘게 하면 지각없는 많은 이들이 뭐라고 생각할지는 개의치 않습니다. 그보다는 이런 남자를 기쁘게 하지 않으면 현명한 자들이 어떻게 생각할지가 훨씬 수치스러울 겁니다.'

그러자 이분은 시치미를 떼면서 평상시처럼 심각하게 말했습니다. '오, 친애하는 알키비아데스여! 진실로 당신께서는 형편없는 자가 아닌 것 같습니다. 당신이 저를 두고 한 말씀이 사실이라면, 또 제 안에 어떤 능력이 있어서 당신을 더 218e 나은 사람으로 만들어줄 수 있다면 말입니다. 그러면 당신은 제 안에서 어마어마한 아름다움을 보는 것이겠지요. 당신이 가진 외모의 아름다움과는 차원이 다른 아름다움 말입니다. 만약 당신이 저의 [내면의] 아름다움을 보고 저와 흥정해서 당신의 아름다움을 저의 아름다움과 교환하려고 한다면, 저보다 더 큰 이득을 보길 의도하는 겁니다. 아름답다고 생각되는 것 대신 진실로 아름다운 것을 얻으려 시도하는 것이니까요. 이는 실로 청동을 대가로 황금을 얻으려는 것이지요.[162]

219a

하지만 오, 복받은 자여! 더 잘 살펴보세요. 제가 아무런 가치도 없는데 당신이 그걸 눈치채지 못하는 게 아닌지 말입니다. 아시다시피 마음의 눈은 진짜 눈이 정점에서 쇠하기 시작할 때 예리하게 보는 법이니까요. 그런데 당신은 거기에 도달하려면 아직 멀었으니 말입니다.'

제가 말했습니다. '제가 하고 싶은 말씀은 이미 드렸습니다. 제 의중이 아닌 이야기는 하나도 없습니다. 우리에게 가장 좋은 게 무엇인지는 당신이 결정하세요.'

219b

그러자 이분이 답했습니다. '잘 말씀하셨습니다. 앞으로는 이 일이든 다른 일이든 우리 둘에게 최선이라고 생각되는 것

162 《일리아스》 6.234-6에서 아카이아 용사는 자신의 황금 갑옷과 트로이아 용사의 청동 갑옷을 교환한다.

을 행하도록 합시다.'

저는 이 말을 듣고 마치 화살처럼 제가 날려보낸 말에 이분이 상처를 입었구나 생각했습니다. 그래서 이분이 더 말하길 기다리지 않고 일어나서 제 외투를 이분에게 덮어드렸습니다. (마침 겨울이었으니까요.) 그러고는 이분의 닳아빠진 옷 아래 누워 그에게 두 팔을 둘렀습니다. 진실로 신적이고 놀라운 분에게 말입니다. 219c

저는 그렇게 밤새도록 누워 있었습니다. 오, 소크라테스여! 당신도 제 이야기가 거짓이라고 말씀하지 않으실 겁니다. 하지만 제가 이렇게 했는데도 이분은 저의 꽃다운 청춘을 능가하며 멸시하고 비웃고 모독했습니다. 제 스스로 대단하다고 여겼던 꽃다운 외모를 말입니다. 오, 배심원들이여! 여러분이 소크라테스의 오만에 판결을 내릴 분들이니까 이렇게 부르는 겁니다. 저는 모든 신들과 여신들에게 맹세합니다. 그러니 잘 알아두세요. 소크라테스와 밤을 보내고 아침에 일어났는데도 아버지나 형과 함께 잘 때처럼 별다른 일이 생기지 않았다는 사실을 말입니다. 219d

그 뒤 제가 어떤 생각을 했을 것이라고 여기십니까? 저는 한편으로 무시당했다고 여기면서도 다른 한편으로는 이분의 본성과 절제 그리고 용맹함에 감탄했습니다. 현명함과 자제

력에서 결코 만날 수 없을 거라고 여겼던 대단한 사람을 만났으니 말입니다. 저는 버럭 화를 내면서 그 교제를 멀리할 길도 없었고, 그렇다고 그를 유인할 방법도 딱히 없었습니다. 아이아스[163]가 무기에 눈 하나 깜짝하지 않는 것보다 소크라테스가 훨씬 더 뇌물에 눈 하나 깜짝하지 않는다는 걸 잘 알고 있었으니까요. 또 제가 이분을 사로잡을 유일한 수단이라고 생각했던 것도 빠져나갔습니다. 저는 그야말로 어찌해야 할 줄 몰라 방황했습니다. 누군가가 다른 누군가에게 그토록 얽매일 수 있을까 싶을 정도로 말입니다.

219e

우리가 포테이다이아[164]로 출정해서 거기서 같이 식사를 하게 되었는데, 이 모든 일이 일어난 후였습니다. 이분은 고통을 견디는 데도 저를 포함하여 모든 이를 능가했습니다. 출정 중에는 보급이 끊겨 굶기도 하는데, 그걸 어찌나 잘 견디는지 다른 사람들은 소크라테스에 비하면 아무것도 아니었습니다.

220a

반대로 보급이 충분해서 잔치를 벌일 때도 오직 이분만

163 트로이아에 원정 간 아카이아 용사 중 하나다. 큰 아이아스는 '아카이아 사람들의 울타리'라고 일컬어질 정도로 거대했고, 작은 아이아스는 창술의 달인이었다.

164 그리스 남동부의 해안에 위치한 폴리스로, 기원전 432년 아테나이의 통제에서 벗어나기 위해 반란을 일으켰으나 2년간의 포위 끝에 함락되었다.

그걸 온전히 즐길 수 있었습니다. 특히 이분은 술을 마시지 않으려 했지만, 어쩔 수 없이 마셔야 할 때면 모든 사람을 뛰어넘었지요. 무엇보다 이분이 취한 걸 본 사람이 아무도 없다는 게 놀라울 따름입니다. 여러분도 그 증거를 곧 보게 될 겁니다.

한편 이분이 행한 다른 일도 그렇지만 혹한—그곳의 혹한은 무시무시했으니까요—을 견뎌내는 것 또한 놀라웠습니다. 한번은 서리가 심하게 내려서 모든 사람이 외출하려 하지 않았고, 설령 외출하더라도 옷을 겹겹이 껴입고 신발을 신고 다시 양털과 양가죽으로 둘둘 말고 나갔습니다. 그런데 이분은 그런 혹한에도 평상시에 입던 외투만 걸친 채 맨발로 나갔습니다. 그러고는 신발을 신은 사람보다 더 쉽게 얼음 위를 활보했습니다. 그러자 병사들은 이분이 자신들을 멸시한다고 생각하고 의심의 눈초리로 쳐다보았습니다.

220b

220c

그 일은 이 정도로 해두겠습니다. 하지만 꿋꿋한 이 남자가 무슨 일을 해냈고 견뎌냈는가[165]는 들어볼 만합니다. 한번은 출정 중인 곳에서 이분이 새벽부터 뭔가를 곰곰이 생각하면서 서 있었습니다. 생각에 진척이 없어도 포기하지 않고 답을

165 《오뒷세이아》 4.242.

찾으면서 계속 그 자리에 서 있었지요. 그렇게 정오가 되었을 무렵, 사람들은 그제야 소크라테스가 꼭두새벽부터 그 시간까지 사색하면서 그 자리에 서 있었다는 것을 알아차리고는 놀라서 수군거렸습니다.

이윽고 저녁이 되자 이오니아 사람 몇이 식사를 마친 후

220d

요를 들고 밖으로 나왔습니다. 이때는 여름이어서 야외에서 시원하게 자려고 했던 것이지요. 동시에 그들은 소크라테스가 밤새도록 거기 서 있을 참인지 지켜보려고도 했고요. 이분은 다음 날 새벽이 되고 해가 뜰 때까지 거기 서 있다가 해에 기도를 드리고 자리를 떴습니다.

이분이 전투에서 어땠는지 듣고 싶으시다면 그것도 말씀드리겠습니다. 그 말씀을 드리는 게 마땅할 테니까요. 장군들이 저의 무공을 포상까지 했던 전투가 벌어졌을 때 제 목숨

220e

도 다름 아닌 바로 이분이 구했습니다. 이분은 부상당한 저를 버려두지 않고 제 무기와 저 자신을 구해주셨지요.

사실 오, 소크라테스여! 그때 저는 당신께 포상을 내려야 한다고 장군들에게 촉구했습니다. 이를 두고 당신께서 저를 비난하거나 제 이야기가 거짓이라고 말씀하지는 않으실 겁니다. 하지만 장군들은 제 사회적 지위를 고려해서 저에게 포상을 내리려고 했습니다. 그때 이분은 자신이 아니라 제가 포

포테이다이아 전투에서 알키비아데스를 구하는 소크라테스

소크라테스는 전투에 세 번 참전했는데, 첫 번째가 기원전 432년에 벌어진 포테이다이아 전투다. 이 전투에서 소크라테스는 부상당한 알키비아데스의 목숨을 구했다. 덴마크 화가 아스무스 야코프 카르스텐스Asmus Jakob Carstens가 그린 그림(1788)을 바탕으로 독일 시인 빌헬름 뮐러Wilhelm Müller가 만든 판화다.

상반기를 장군들보다 더 간절히 바라셨습니다.

더구나 오, 사람들이여! 델리온[166]에서 군대가 퇴각할 때 소크라테스의 모습은 대단했습니다. 저는 기병이었고 이분은 중갑보병이었습니다. 군사들은 이미 흩어졌고 이분과 라케스[167]는 함께 퇴각하고 있었습니다. 마침 저는 근처에 있다가 두 사람을 보고 용기를 내라고 격려하며 두 사람을 버려두지 않겠다고 말했습니다. 이때 저는 포테이다이아 전투 때보다 이분을 더 잘 지켜볼 수 있었는데, 말을 타고 있어 두려움이 덜했기 때문입니다.

221a

우선 이분은 침착함에서 라케스를 능가했습니다. 다음으로, 오, 아리스토파네스여! 이분은 여기[168]서 그러하듯 거기서도, 당신이 표현한 것처럼 '목에 힘을 주고 주위를 곁눈질하면서'[169] 활보했습니다. 아군과 적군을 유유히 곁눈질하면서, 만약 누가 이 남자를 건드리기라도 하면 아주 맹렬하게 방어할 태세였지요. 이를 모든 이에게 또 저 멀리까지 여실히 보

221b

166 기원전 424년 아테나이 군대는 보이오티아를 침략했고 델리온에 요새를 세웠다. 하지만 아테나이 군대 대부분이 본국으로 귀환하자 보이오티아 사람들은 델리온을 공격했고 그곳에 잔류한 아테나이 군대는 크게 패배했다.

167 당시 아테나이의 장군.

168 아테나이.

169 아리스토파네스, 《구름》 362 참고.

여주면서 말이지요. 그 덕분에 이분과 동료는 안전하게 퇴각할 수 있었습니다. 대체로 적들은 전쟁터에서 이렇게 행동하는 사람은 건드리지 않고 오히려 삼십육계 줄행랑치는 사람을 추격하지요.

소크라테스를 찬미하려 든다면 다른 놀라운 사례들도 많습니다. 아마도 이분의 어떤 행적은 다른 이의 행적과 비슷하다고 할 수 있겠지만, 이분이 옛날 사람이든 요즘 사람이든 어떤 사람과도 닮지 않았다는 사실은 완전히 경이롭습니다. 이를테면 아킬레우스가 어떤 이였는지는 브라시다스[170]나 다른 이들과 견주어볼 수 있고, 페리클레스는 네스토르나 안테노르[171]와 견주어볼 수 있으며, 다른 이들도 같은 방식으로 견주어볼 수 있습니다.

221c

221d

하지만 여기 계신 이분의 유별남—그 자신이 어떤 사람이고 그의 말이 어떤지—은 요즘 사람 중에서든 옛날 사람 중에서든 비슷한 이를 도무지 찾을 수 없습니다. 그러니까 이분 자신이나 이분의 말은 사람의 차원을 넘어, 앞서 제가 비유했듯 실레노스나 사튀로스와 견줄 수 있습니다.

170 스파르타의 장군으로, 기원전 422년 암피폴리스에서 전사했다고 한다.

171 트로이아 전쟁 당시 지혜와 훌륭한 연설 능력으로 잘 알려졌던 용사들이다. 《일리아스》 1.248, 3.148-51 참고.

처음에 이야기하려다 빠뜨린 것을 지금 덧붙이려 합니다만, 이분의 언변은 열어젖힌 실레노스 상과 매우 닮았습니다.[172] 누군가 소크라테스의 말을 들으면 처음에는 그 말이 아주 우습게 느껴집니다. 이분의 말은 무례한 사튀로스의 가죽 같은 낱말과 구절을 겉에 두르고 있으니까요. 즉, 이분은 짐 나르는 나귀와 대장장이, 갖바치, 무두장이를 말할 때, 늘 같은 논리로 같은 말을 하는 것처럼 보입니다.

221e

222a

그래서 이런 논변에 익숙하지 않은 무지한 사람은 이분의 말에 웃음을 터뜨립니다. 하지만 이분의 말을 열어젖혀서 속을 들여다보면, 처음에는 오직 이분의 말만이 지성을 담고 있고, 다음으로는 그 속에 탁월함의 상像들이 아주 많이 들어 있음을 발견하게 됩니다. 또 이분의 말은 아름답고 훌륭한 자가 되려면 고찰해야 할 아주 많은 것, 아니 모든 것을 담고 있음을 알 수 있습니다.

오, 사람들이여! 바로 이것이 제가 소크라테스를 찬미하는 말입니다. 여기에 제가 비난하는 부분까지 섞어서, 이분이 저를 어떻게 모욕했는지도 말씀드렸습니다. 하지만 이분은 저

222b

172 215a-b와 216d-217a에서 알키비아데스는 소크라테스가 외모와 품성에서 실레노스와 유사하다고 말했다. 지금은 소크라테스의 말(대화)이 실레노스와 유사하다고 주장한다.

뿐만 아니라 글라우콘의 아들 카르미데스[173]와 디오클레스의 아들 에우튀데모스[174] 그리고 다른 많은 이들에게도 같은 고통을 주었습니다. 자신이 소년들을 사랑하는 자인 양 속였던 것이지요. 하지만 실은 이분 자신은 [사랑하는 자가 아니라] 사랑받는 자에 해당합니다. 오, 아가톤이여! 당신께 말씀드립니다. 이 사람에게 속지 말라고 말입니다. 속담에 나오는 어리석은 자처럼 당한 후에야 깨닫지 말고 우리가 겪은 것을 교훈으로 삼아 각별히 조심하세요."

아리스토데모스에 따르면, 알키비아데스가 이렇게 말하자 그의 솔직함에 폭소가 터졌다고 합니다. 그가 여전히 소크라테스를 사랑하는 것처럼 보였으니까요. 222c

이때 소크라테스가 이렇게 말했습니다. "제 생각에 당신은 술에 취하지 않은 것 같습니다, 오, 알키비아데스여! 술에 취했다면 이 모든 것을 이야기하신 진짜 이유를 감추려고 이렇게 교묘하게 에둘러 말하지 않았을 테니까요. 당신은 이를 마치 사족처럼 마지막에 슬쩍 붙여놓았습니다. 마치 [앞서 말한] 모든 게 바로 이것, 즉 저와 아가톤을 갈라놓기 위함이 아닌

173 플라톤의 외삼촌이며 보수파 정치인이었다.

174 크세노폰의《소크라테스 회상》1.2.29와 4.2.1에 미소년으로 언급되는 사람이다.

222d 것처럼 말입니다. 저는 다른 어떤 이도 아닌 당신만을 사랑해야 하고, 아가톤은 다른 누구도 아닌 당신의 사랑만을 받아야 한다고 여기면서 말입니다. 하지만 들켰습니다. 당신의 사튀로스 연극 또는 실레노스 연극[175]이 탄로 난 것이지요. 오, 친애하는 아가톤이여! 더 이상 저 사람의 의도대로 되지 않게 해주세요. 누구도 저와 당신을 갈라놓지 않도록 조치를 취해 주세요."

222e 그러자 아가톤이 말했습니다. "오, 소크라테스여! 진정으로 당신 말씀이 옳은 것 같습니다. 그가 당신과 저 사이에 자리 잡은 것도 우리를 갈라놓으려 했다는 증거입니다. 하지만 더 이상 아무것도 그의 뜻대로 되지 않을 겁니다. 제가 당신 곁으로 가서 앉을 테니까요."

소크라테스가 말했습니다. "물론 그렇게 하세요. 여기 제 아래쪽에 앉으세요."[176]

175 사튀로스나 실레노스 가면을 쓰고 하는 연극을 말한다. 알키비아데스는 소크라테스를 사튀로스 또는 실레노스와 유사한 사람이라고 주장했다.

176 향연 참석자들은 파이드로스, 파우사니아스, 아리스토파네스, 에뤽시마코스, 아리스토데모스, 아가톤, 소크라테스의 순서로 앉아 있었다. 하지만 중간에 알키비아데스가 들어와서 아가톤과 소크라테스 사이에 앉았고(213a-b), 그래서 아가톤, 알키비아데스, 소크라테스 순이 되었다. 지금은 아가톤이 소크라테스의 아래쪽으로 자리를 옮기려 한다. 그 경우 알키비아데스, 소크라테스, 아가톤 순서로 앉게 된다.

그러자 알키비아데스가 말했습니다. "오, 제우스여! 제가 이 사람한테 또 무슨 일을 당해야 하나요? 이분은 모든 면에서 저보다 우월해지려고 합니다. 하지만 이견이 없으시다면 오, 놀라운 자여! 아가톤이 우리 사이에 앉도록 허락해주세요."

소크라테스가 말했습니다. "그건 안 됩니다. 당신이 저를 찬미했으니 저도 제 오른쪽에 있는 사람을 찬미해야 하니까요. 만일 아가톤이 당신 아래쪽에 앉으면, 그는 저의 찬미를 받기도 전에 저를 다시 찬미해야 하지 않겠습니까? 그러니 오, 신적인 자여! 제가 이 청년을 찬미한다고 해서 시기하지 마세요. 저는 진심으로 그를 찬미하고 싶으니까요." 223a

아가톤이 말했습니다. "와, 훌륭합니다. 알키비아데스여, 저는 여기에 더 이상 머물 수가 없습니다. 그러니 자리를 바꿔서 소크라테스의 찬미를 받아야겠습니다."

알키비아데스가 말했습니다. "또 이렇게 되는군요. 소크라테스가 곁에 있으면 다른 사람은 아름다운 이들과 어울릴 수 없다니까요. 지금도 이분이 당신을 곁에 앉히려고 얼마나 쉽게 그럴싸한 말을 찾아내는지요."

아가톤이 소크라테스 곁에 자리 잡기 위해 일어섰습니다. 그때 대문 앞에 도착한 술꾼 무리가 누군가 나가는 바람에 문 223b

만취해서 구토하는 남성을 도와주는 노예 소년

익명의 화가인 브리고스Brygos가 도자기에 그린 그림이다. 기원전 500~470년 경에 제작된 것으로 보인다.

(덴마크 국립박물관 소장)

이 열린 걸 보고 곧장 연회장으로 들어와 자리를 잡으려고 했습니다. 그 때문에 소란이 벌어지고 연회장은 무질서해졌습니다. 그 틈을 타 술꾼들은 엄청나게 많은 술을 강권했습니다.

아리스토데모스가 말하길, 에뤽시마코스와 파이드로스 그리고 다른 몇몇이 가버렸고, 아리스토데모스 자신은 잠에 취해서 아주 오랫동안 잤다고 합니다. 그맘때는 밤이 길었으니까요. 223c

아리스토데모스는 이미 날이 밝아 수탉이 울 때 깨어났습니다. 깨어나보니 다른 이들은 아직 자고 있거나 이미 떠났고, 아가톤과 아리스토파네스 그리고 소크라테스만 큰 술통에서 술을 퍼 마시고 있었습니다. 왼쪽에서 오른쪽으로 돌아가면서 말입니다. 소크라테스는 여전히 그들과 대화를 나누고 있었습니다.

아리스토데모스는 소크라테스의 말 중에서 다른 것은 기억하지 못한다고 했습니다. 처음부터 곁에 있지도 않았을뿐더러 졸고 있었으니까요. 하지만 요점을 말하면 소크라테스가 대화를 나누고 있는 사람들에게 동의하라고 재촉했다고 합니다. 희극을 만들 줄 아는 것도 비극을 만들 줄 아는 것도 같은 작가이며, 올바른 지식을 가지고 비극을 제작하는 자는 희극을 만드는 자이기도 하다는 것을 말입니다. 소크라테스 223d

는 동의를 강요했지만, 그들[177]은 조느라고 논증을 잘 따라가지 못했습니다.

그러다 아리스토파네스가 먼저 곯아떨어졌고, 이미 날이 밝을 무렵 아가톤도 잠들었습니다. 그들이 잠들자 소크라테스는 일어나서 나갔습니다. 아리스토데모스도 평상시와 마찬가지로 소크라테스의 뒤를 따랐습니다. 소크라테스는 뤼케이온[178]으로 가서 씻은 후에 다른 날처럼 거기서 하루 종일 시간을 보내다가 저녁이 되어서야 집에 가서 쉬었다고 합니다.

177 아리스토파네스와 아가톤.

178 늑대의 신 아폴론에게 헌정된 신전으로 기원전 334년경 이곳에 아리스토텔레스의 학원이 세워졌다.

1
저술 시기

플라톤은 기원전 428/7년에 태어났으며, 소크라테스가 사형당했을 때(기원전 399년) 28세였다. 소크라테스의 죽음에 실망한 플라톤은 아테나이를 떠나 메가라로 갔다가 지중해의 여러 지역으로 여행하는데 특히 시칠리아 섬의 도시국가 쉬라쿠사이를 세 번 방문한다. 현대의 학자들은 1차 쉬라쿠사이 여행(기원전 388/387년경) 이전에 저술된 대화편을 초기 대화편, 1차와 2차 쉬라쿠사이 여행(기원전 367년경) 사이에 저술된 대화편을 중기 대화편, 2차와 3차 쉬라쿠사이 여행(기원전 361년경) 사이에 저술된 대화편을 후기 대화편으로 분류하기도 한다. 이에 따르면 《향연》은 《국가》, 《파이돈》, 《파이드로스》와 비슷한 시기에 저술된 중기 대화편으로 추정된다.

한편 《향연》 182b에는 이오니아와 다른 많은 지역이 이방인들의 치하에 놓여 있다는 구절이 나오고, 193a에는 아르카디아가 스파르타 때문에 분리되었다고 하는데, 기원전 387/6년 '페르시아 왕의 평화'는 소아시아 도시들에 대한 페르시아의 권리를 인정했고, 기원전 385년에는 스파르타 사람들이 만티네이아의 아르카디아 도시들을 네 거주지로 분할했다. 또 178e-179b에서 파이드로스는 동성애자들로 구성된 군대를 언급하는데, 기원전 378년 테바이의 군대가 그러했다. 이렇게 볼 때 아마도 《향연》은 기원전 385/4~379년경에 저술되었을 것이다.

2
향연

향연 풍습(함께 모여 술을 마시며 유흥을 즐김)은 기원전 8세기 무렵 시작되어 로마 시대까지 이어졌다. 향연은 철저히 남성들의 전유물이었으며, 이념과 이해관계를 공유하는 귀족들의 사적 모임이었다. 아테나이 남성들은 향연에 자기 아내나 여성 친척을 데려오지 않았다. 그러나 외국 여성이나 하층 여인들이 참석하는 경우는 있었다. 가령 피리 부는 소녀나 무용수들이 향연 참석자의 여흥을 돋우려고 함께하기도 했으며, 헤타이라이[1]가 참석하기

1 조선시대 기생과 유사하다. 대부분은 외국 여성이었고 아테나이 여성과는 달리 교육을 받았다.

도 했다.

향연에 참석한 사람[2]은 안드론[3]이라는 방에 모여 침상[4]에 기대고 누워서 상반신을 왼쪽으로 돌리고 왼쪽 팔꿈치를 쿠션에 기댄 채 오른손으로 침상 왼쪽 테이블의 음식과 음료를 먹었다. 보통 한 침상에 두 명이 함께 앉았는데, 아가톤의 침상은 세 명이 앉기에 충분할 정도로 컸다(213a-b).

관습적으로 지위가 가장 높은 사람이 문 오른쪽에 자리했고, 시계 반대 방향으로 앉았다. 또 여흥을 주도하기 위해 향연 주관자symposiarchos를 선발하기도 했다. 플라톤의《향연》에서는 전반부에 에뤽시마코스와 파이드로스가 모임을 이끌어가다가, 후반부에 술 취한 알키비아데스가 등장해서 향연 주관자 역할을 자처한다.

고대 그리스의 향연은 일종의 교육적 기능, 입문식의 역할(소년을 성년 시민으로 받아들임)을 담당했는데, 그리스 사람들은 식사를 마친 후 먼저 디오뉘소스Agathos Daimōn 혹은 제우스에게 헌주를

2 대체로 7~11명이 모였으며, 최소 3명에서 최대 15명까지 모이기도 했다. 그리고 한 침상에는 대개 2명이 함께 앉았다.

3 andron: 남성들의 방. 한옥의 사랑방과 유사하다.

4 한 방에는 대체로 7개의 침상이 놓여 있었는데, 최소 5개에서 최대 11개까지 놓이기도 했다.

했다. 또 집주인이나 선출된 향연 주관자가 술을 얼마나 어떻게 마실지, 무슨 이야기를 할지 결정했다. 술을 마실 때는 물이 담긴 항아리kratēr에 포도주를 넣고 희석해서 주전자oinochoē에 담아 술잔kylix에 따라 마셨다.

그리스 사람들은 술을 너무 많이 마셔서 취하지 않도록 주의했지만 때로는 만취하기도 했다. 만취해서 길거리에서 흥청거리는 취객 무리를 코모스komos라고 불렀는데, 대화편 후반부에 등장하는 알키비아데스도 그중 하나였던 듯하다.

아가톤의 축하연의 경우, 소크라테스가 도착할 때까지 파이드로스가 처음 자리에 앉고(177d) 아가톤이 마지막으로 앉는다(175c). 그리고 나중에 도착한 소크라테스는 마지막으로 착석한다.

향연에 참석한 이들은 왼쪽에서 오른쪽으로(177d. 아마도 문 쪽에서 시작해서 시계 반대 방향으로) 연설하기로 한다. 즉, 파이드로스에서 시작해서 소크라테스가 마지막에 연설하는 것이다. 아리스토파네스 옆 침상에 앉은 에뤽시마코스는 아리스토파네스 다음에 연설하기로 되어 있었다(185d).

3
에로스

《향연》은 아폴로도로스가 무명의 친구에게서 아가톤의 향연에서 어떤 일이 있었는지 알려달라고 요청받는 장면에서 시작한다. 아폴로도로스는 자신은 그날 아가톤의 축하연에 참석하지 않았지만, 아리스토데모스(실제로 향연에 참석했던)에게 들은 이야기를 전해주겠다고 말한다.

아가톤은 기원전 416년 레나이아 제전의 비극 경연에서 우승했는데,[5] 이를 축하하기 위해 이틀간 축하연이 벌어진다.[6] 아가톤을 비롯해서 모임에 참석한 이들은 축하연 첫날 술을 엄청나게 마셨고 대부분 다음 날까지 숙취에 시달리고 있다.

소크라테스와 아리스토데모스는 축하연 둘째 날에 참석했고, 저녁 식사를 마치고 일행은 단순히 여흥을 위해 밤새도록 술을 마시고 즐기는 대신, 에로스(그동안 도외시되었던 신)를 찬미하는 연설을 하기로 한다. 연사들은 차례로 에로스와 사랑에 관한 자신

5 당시 소크라테스는 50대 초반이었고, 《향연》의 등장인물은 대부분 30대였다. 알키비아데스는 그다음 해에 쉬라쿠사이 원정의 사령관 중 하나로 선출되었다.

6 《향연》의 저술 시기는 기원전 385~379년경으로 추정된다. 따라서 이 대화편은 30~40년 전의 에피소드를 회상하고 있다.

의 견해를 밝힌다. 이들의 이야기는 당대 그리스인들의 사랑과 성에 관한 견해를 생생히 보여준다.

고유명사 에로스Erōs는 주로 날개 달린 젊은 신으로 묘사되었지만, 일반명사 에로스erōs는 '사랑'을 뜻한다.[7] 이미 호메로스도 에로스를 먹고 마실 것에 대한 욕망을 가리키는 단어로 썼고, 일반적으로 '사랑(특정한 개인을 성적 파트너로 강렬히 원함)'이라는 의미로 사용했다. 하지만 에로스는 부모와 자식, 형제자매, 주인과 종, 통치자와 피지배자의 관계를 가리키는 단어로 사용되지는 않았다. 사랑 일반을 가리키는 단어는 '필리아philia'다. 이 용어는 '국가 간에 교전이 없는 상태' '동료에게 느끼는 애정'을 가리키기도 했고, '부모나 자식에게 느끼는 사랑'을 가리키기도 했으며, '친구나 애인에게 느끼는 사랑'을 뜻하기도 했다.

필리아는 대체로 상호적 관계를 나타낸다. 따라서 philoi(친구들)는 사랑하는 자이자 사랑받는 자다. 반면 eraō라는 동사는 주로 성적인 사랑을 가리키는 단어였으나 성과 무관한 대상에게 느끼는 강렬한 욕망[8]을 의미하기도 한다. 하지만 이 욕망은 종종 우리에게서 올바른 판단 능력을 앗아가며, 정상적인 상황이라면 행하지

7 《향연》의 등장인물들도 에로스의 두 의미를 혼용해서 사용한다.

8 이를테면 호메로스는 먹을 것과 마실 것에 대한 에로스를 언급한다.

않았을 법한 일을 저지르게 한다. 이를테면 투키디데스는 시칠리아 원정을 준비할 때 모험에 거는 강렬한 에로스가 아테나이 시민들을 사로잡았다고 말한다(《펠로폰네소스 전쟁사》 6.24.3).

비극에도 에로스의 파괴적 성격이 드러나는데, 가령 헤라클레스는 아름다운 소녀에게 이끌리는 욕망 때문에 그녀의 나라를 함락시켰고(소포클레스, 《트라키스 여인들》 476), 헤라클레스의 아내는 신들까지 포함해서 모두가 에로스의 능력 앞에서 무능함을 인정한다(소포클레스, 《트라키스 여인들》 441-44, 497-502). 물론 에로스는 인류의 존속에 기여하며 큰 쾌락을 가져다주지만, 그 파괴적 능력은 조심해야 한다(에우리피데스, 《히폴뤼토스》 528-29).

4
동성애

《향연》에는 이성애보다 동성애에 관한 논의가 더 많이 등장하는데 이는 당시 문화와도 같은 맥락이다. 기원전 6세기 무렵 그리스인들은 예쁜 소녀보다 아름다운 소년이 성인 남성에게 성적 욕망을 더 많이 불러일으킨다고 여겼다.[9]

9 물론 그렇다고 해서 동성애가 이성애나 결혼과 양립할 수 없다고 여긴 것은 아니다.

당시 아테나이 사회는 성이 분리되어 있어 동성애를 부추겼다. 노예가 충분히 있는 가정에서는 여성을 집 밖에서 활동하거나 일하도록 허용하지 않았으므로, 젊은 남성이 이웃집 딸과 사귀기 어려웠다. 물론 돈이 넉넉하면 이방 여인이나 노예와 매음할 수 있었다. 하지만 자유로운 신분의 젊은 남성을 구애하고 유혹하는 일은 간음에 따르는 위험을 감수하지 않으면서도 성적 만족과 동료들의 인정(정복자로 부러움과 존경을 받게 됨)을 얻을 수 있는 일로 여겨졌다.

그런데 그리스 사람들은 동성애를 같은 또래의 두 남성 사이에 일어나는 욕망으로 간주하지 않았다. 오히려 나이 많은 남성(사랑하는 자, erastēs)이 아름다운 소년(사랑받는 자, erōmenos 또는 paidika[10])에게 구애해서 소년이 나이 많은 남성의 구애에 굴복하면 호의와 감사, 애정을 표하는 식이었다. 하지만 아테나이 법률은 성인 남성이 18세 이하의 미성년자와 귐나시온이나 성적 접촉을 할 수 있는 곳에서 만나는 것을 허용하지 않았다. 또한 18세 이하 소년은 향연장에 참석해서 침상에 기대어 누울 수 없었고, 보호자(특히 아버지)의 동반하에 서 있거나 앉아 있을 수 있었다.

10 대략 13~18세(사춘기부터 완전히 수염이 자랄 때까지)의 소년. 하지만 아가톤은 거의 30세가량의 성인이었음에도 erōmenos로 간주되었다.

그런데도 동성애는 고대 그리스와 아테나이 문화에서 폭넓게 확산되었고, 나이 많은 남성이 어린 소년을 유혹하는 경우도 종종 있었다. 고대 그리스의 도자기 그림에는 사랑하는 자가 소년에게 수탉이나 토끼, 뤼라 또는 작은 선물을 주면서 호의를 사는 장면이 등장한다. 소크라테스는 《카르미데스》 155c에서 카르미데스의 외투 안쪽을 들여다보고 마치 여인의 가슴을 훔쳐본 것처럼 흥분했노라고 고백한다. 《뤼시스》 206a에서도 뤼시스와 사랑에 빠진 히포탈레스에게 잘생긴 소년은 칭찬할수록 자만해진다고 조언한다.

이처럼 동성애에는 역기능이 존재했지만, 그리스 사회에서 성인 남성과 어린 소년의 관계는 남녀 사이에서는 찾아볼 수 없는 교육적 의미도 있었다. 왜냐하면 소년은 연인을 롤 모델로 여기고 흉내 낼 수 있었기 때문이다.

소크라테스가 당대 사람들처럼 동성애에 강렬한 욕구를 느꼈는지는 명확하지 않다. 하지만 기원전 4세기 후반 아리스토크세노스는 소크라테스에게 이성애적 욕구가 매우 컸다고 전한다(단편 54a).

5
찬미 연설

아가톤의 축하연에 참석한 이들은 순서대로 에로스를 찬미(epainos 또는 enkomion)하는 연설을 하기로 합의한다. 여기서 사용된 enkomion은 본래 올림피아 제전 우승자를 환영하는 노래를 가리키는 단어였지만, 기원전 4세기 초에는 어떤 사람이나 사물을 칭송하는 연설을 가리키기도 했다.

기원전 316년경에 저술된 《알렉산드로스를 위한 수사학 *Rhetorica ad Alexandrum*》에 제시된 찬미 규칙에 따르면, 연사는 네 가지 사항을 지켜야 했다. 첫째, 칭송 대상의 훌륭한 가정과 배경, 힘과 아름다움, 부를 찬미해야 한다. 둘째, 그의 덕(유능함, 정의로움, 용기 등)을 찬미해야 한다. 셋째, 그의 조상을 찬미해야 한다. 넷째, 그가 성취한 바를 찬미해야 한다.[11] 또 찬미 연설은 서언으로 시작해서 찬미 대상의 혈통과 교육의 찬미로 이어지며, 찬미 대상의 동료 목록을 포함하기도 한다. 하지만 가장 중요한 부분은 찬미 대상의 업적과 행위이며, 추종자들의 목록과 후기로 찬미 연설은 마무리된다.

11 이런 전통은 이미 크세노폰의 《아게실라오스》에도 드러나 있다.

《향연》에서 연사들은 대체로 이러한 찬미 규칙에 따라 에로스를 찬미한다. 파이드로스는 통속적 관점에서, 파우사니아스는 법적(규범적) 관점에서, 에뤽시마코스는 의학적, 자연학적 관점에서 찬미한다. 반면 희극작가 아리스토파네스는 신화적 관점에서, 비극작가 아가톤은 (아마도 고르기아스 수사학의 영향을 받은) 세련된 시가적 관점에서 에로스를 찬미한다.

6
주요 내용

도입: 아폴로도로스와 아리스토데모스의 이야기(172a-175e)

《향연》의 화자는 아폴로도로스다. 그는 누군가의 물음에 답하면서 아가톤의 집에서 있었던 축하연을 이야기하기 시작한다. 이름이 언급되지 않은 질문자는 친구라고 불리는데, 아마도 부유한 사업가였던 듯하다(173c). 아폴로도로스는 얼마 전 글라우콘에게도 같은 이야기를 해준 적이 있다.

이 대화편의 화자를 아폴로도로스로 고른 까닭은 아마도 소크라테스의 재판과 죽음을 상기시키기 위해서인 듯하다. 아폴로도로스는 소크라테스가 재판받을 때와 사망할 때 그의 곁에 있었다. 특히 플라톤의 《파이돈》에서 아폴로도로스는 소크라테스가 영혼의 불사를 증명하는 내내 울다가 그가 독배를 마시자 대성통곡해서 주위를 울음바다로 만들었다.

하지만 아폴로도로스 자신이 아가톤의 축하연에 참석하지는 않았고, 그때 있었던 일을 아리스토데모스에게서 전해 들었다.[12] 아폴로도로스는 대화편 내내 아리스토데모스의 말을 전하고 있다. 아폴로도로스가 전하는 아리스토데모스의 이야기는 다음과 같다.

어느 날 아리스토데모스는 (평상시와 달리) 말끔하게 목욕하고 신발도 신은 모습으로 나타난 소크라테스를 만난다. 아리스토데모스가 어디 가느냐고 묻자 소크라테스는 아가톤의 비극 경연 우승 축하연에 간다고 답한다. 소크라테스는 아리스토데모스에게도 함께 가자고 제안한다. 그래서 아리스토데모스는 초대받지 않았지만 아가톤의 모임에 참석하기로 한다.

전통적으로 초대받지 않은 손님은 사회적으로 지위가 낮은 사람이었고, 밥을 얻어먹으려고 부유한 자의 잔치에 참석하는 거지와 같은 사람으로 인식되었다. 물론 소크라테스가 아리스토데모

12 기원전 416년 아가톤의 집에서 축하연이 벌어졌을 때 아폴로도로스는 아직 어린아이였다. 아폴로도로스가 무명의 친구에게 아가톤의 축하연에 대해 이야기하는 시점은 기원전 404년 전후로 추정된다.

스를 초청한 것이고, 아가톤 일행도 아리스토데모스를 환영한다. 알키비아데스 역시 초대받지 않은 채 모임에 참석하는데, 두 사람 모두 소크라테스를 사랑하는 자erastēs였다.

소크라테스는 향연에 참석하느라 평상시와 달리 말끔하게 차려입었지만 행동은 여느 때와 다르지 않다. 그는 아리스토데모스와 함께 출발했지만, 뭔가 골똘히 생각하느라 점점 뒤처지고 급기야 자신은 나중에 따라갈 테니 아리스토데모스더러 먼저 가라고 한다. 이 때문에 초대받지도 않은 아리스토데모스가 먼저 아가톤의 집에 도착하고, 초대받은 소크라테스는 나중에 도착하는 우스꽝스러운 촌극이 벌어진다.

그곳에 모인 사람들이 식사를 절반쯤 마쳤을 무렵 소크라테스가 뒤늦게 도착하고, 아가톤은 소크라테스를 자기 옆자리로 안내한다. 그의 지혜를 조금이라도 나누어 가지고 싶다고 하면서 말이다. 하지만 소크라테스는 마치 털실을 매개로 액체가 다른 그릇으로 옮겨지듯 지혜가 접촉을 한다고 어떤 이에게서 다른 이에게로 전해질 수는 없다고 말한다. 즉, 젊은 사람이 나이 든 사람과 교제함으로써 더 지혜로워질 수 있다는 당대의 통념을 거부하는 것이다. 그러자 아가톤은 자신과 소크라테스 중 누가 더 지혜로운 자인지는 디오뉘소스가 심판해줄 것이라고 답한다.

이야기의 주제를 정하다(176a-178a)

모임에 참석한 사람들 대부분이 전날 과음으로 더 이상 술을 마시기 어려운 상황이었으므로, 그들은 술보다 이야기를 나누기로 한다. 의사 에뤽시마코스는 피리 부는 소녀를 내보내고 에로스를 찬미하는 가장 아름다운 연설을 돌아가면서 하자고 제안한다(177d). 에뤽시마코스는 파이드로스가 에로스 찬미를 최초로 제안한 사람이라고 말하는데, 파이드로스는 대화편 등장인물 중 가장 나이가 어리다. 결국 참석자들은 이야기의 아버지(제안자)인 파이드로스를 시작으로 순서대로 돌아가면서 에로스 찬미 연설을 한다.

파이드로스의 연설(178a-180b)

파이드로스가 밝히듯, 헤시오도스를 비롯한 초기 신화 작가들은 신들을 낳는 데 사랑이 필요하다고 여겼으므로 에로스를 가장 오래된 신으로 간주했다.[13] 파이드로스는 에로스야말로 다른 모든 신의 조상이며 따라서 가장 위대하다고 말한다.

파이드로스의 연설은 당대의 수사학적 관습을 답습하고 있다.

13 헤시오도스의《신들의 계보》에 따르면, 에로스는 카오스와 가이아 다음에 세 번째로 생겨난 신이다.

즉, 그는 자신의 주장을 뒷받침하기 위해 시인들(가령 호메로스와 헤시오도스, 아이스퀼로스)의 신화에 대한 언급을 인용한다. 그는 찬미 연설의 두 요소(찬미 대상의 혈통과 업적)에 집중하는데, 에로스가 사랑하는 자와 사랑받는 소년에게 수치와 자부심을 심어줌으로써 인류에 유익을 끼친다는 것이다. 즉, 사랑받는 소년은 (연인의 칭찬을 얻기 위해) 가장 훌륭하고 명예로운 행위를 구할 것이고, 사랑하는 자도 연인의 기대에 부응하도록 살아가려 하며 추한 일을 저지르기를 부끄러워한다.

또 파이드로스는 에로스가 연인으로 하여금 서로를 위해 죽게까지 한다고 말한다. 가령 알케스티스는 남편을 사랑했기에 남편 대신 저세상에 가기로 결심했는데, 이러한 희생적 사랑을 신들도 높이 샀다.

파우사니아스의 연설(180c-185c)

파우사니아스는 아가톤과 오랜 기간 연인 관계였던 것으로 생각된다. 《프로타고라스》 315d-e에서 파우사니아스는 아가톤과 함께 소피스테스인 프로디코스를 추종했다. 프로디코스는 단어의 뜻을 면밀히 나누는 것으로 유명했는데, 파우사니아스도 '에로스'라는 용어를 명확히 사용하라고 주장한다. 즉, 무작정 에로스를 칭송하는 대신 좋은 에로스와 나쁜 에로스를 구분해서 찬미해

야 한다는 것이다.[14]

파우사니아스에 따르면, 에로스는 아프로디테와 불가분의 관계다. 그런데 아프로디테라고 일컬어지는 여신은 둘이다. 즉, 제우스와 디오네 사이에서 태어난 범속의 아프로디테[15]와 우라노스의 성기가 거세되어 바다에 떨어졌을 때 거품에서 태어난 천상의 아프로디테[16]다. 따라서 에로스도 둘(범속의 에로스와 천상의 에로스)이라는 것이다.

파우사니아스는 어떤 행위도 그 자체로 아름답거나 추하지 않으며, 특정 행위가 아름다운지 추한지는 어떻게 행위되었는가로 결정된다고 한다. 사랑도 마찬가지다. 즉, 무턱대고 아무 에로스나 찬미하기보다는 우리를 고결한 감정과 훌륭한 행위로 인도하는 에로스만을 찬미해야 한다는 것이다.

파우사니아스에게 범속의 에로스[17]는 영혼보다 육체를 갈구하

14 이처럼 용어를 명확히 규정하려는 파우사니아스의 시도를 일부 주석가(가령 R.G. Bury)는 법률가의 논증이라고 평가한다. 파이드로스는 신화의 사례에서 에로스의 성격을 추론했으나 파우사니아스는 역사적 사례와 사회 규범에 대한 분석을 통해 에로스를 규명하고자 한다.

15 《일리아스》 5.370-430 참고.

16 헤시오도스, 《신들의 계보》 188-202 참고.

17 제우스와 디오네 사이의 자식이므로 두 본성이 혼합된 에로스.

는 욕망이고 성적인 만족만 추구하는 반면, 천상의 에로스[18]는 육체보다 영혼을 갈구하고 평생 지속되며 성적 사랑을 초월한다. 여기서 흥미롭게도 파우사니아스는 올바른 동성애만 칭찬받을 가치가 있는 에로스이며[19] 이성애는 추한 에로스라고 주장한다. 이는 여성이 남성과 지성적, 사회적으로 동등하지 않다는 아테나이 사회의 통념[20]을 반영하는 듯하다.

파우사니아스는 사랑받는 소년이 교육을 받는 대가로 사랑하는 자를 기쁘게 해야 한다(성적 만족을 주어야 한다)고 주장한다. 하지만 에로스 일반과 마찬가지로 동성애도 그 자체로는 아름답거나 추하지 않으며, 어떻게 행해지는가에 따라 아름다울 수도 있고 추할 수도 있다고 생각한다. 즉, 아름다운 동성애란 사랑하는 자가 자신의 사랑을 공적으로 표현하고 추구하며, 소년의 몸보다 영혼을 사랑하여 소년을 지혜롭고 훌륭한 사람으로 만드는 것이다. 이때 사랑하는 자는 소년에게 금전이나 권력 등이 아닌 교육과 우애를 제공한다.

18 어머니 없이 아버지(우라노스)에게서 태어났으므로 단일하고 우월한 본성(남성)만 가지는 에로스.

19 천상의 아프로디테는 어머니 없이 태어났으므로 이에 상응하는 에로스는 이성애와 무관하다는 것이다.

20 이에 따르면 남녀 간의 사랑은 성적 욕망에 불과하다.

마찬가지로 사랑받는 자도 금전이나 권력 또는 다른 이득보다는 지혜롭고 훌륭해지기 위해 사랑하는 자와 관계를 가져야 하며, 성적 즐거움을 너무 쉽게 혹은 빨리 제공해서는 안 된다. 왜냐하면 사랑하는 자가 단지 육체적 쾌락만을 원하는 사람인지 제대로 된 사람인지 파악하려면 시간이 필요하기 때문이다.

이처럼 파우사니아스는 나이 든 사람과 소년 사이의 동성애 관계를 허용하는 데 엄격한 단서 조항을 두었다. 그런데도 파우사니아스에게 아름다운 에로스란 곧 아름다운 동성애다. 이런 이유로 크세노폰의 《향연》에서 소크라테스는 파우사니아스가 동성애를 지나치게 옹호한다고 비판했다.

아리스토파네스의 딸꾹질(185c-e)

아리스토파네스가 파우사니아스 다음에 말할 차례였지만 딸꾹질 때문에 하지 못하고 대신 에뤽시마코스가 먼저 이야기한다. 에뤽시마코스라는 이름은 '트림과 싸우는 자' 또는 '구토와 싸우는 자'를 의미하는데, 자기 이름에 걸맞게 에뤽시마코스는 아리스토파네스에게 의학적 처방을 내려 딸꾹질을 멈추게 한다.

에뤽시마코스의 연설(185e-189c)

에뤽시마코스는 파우사니아스처럼 두 에로스의 존재를 받아들이지만 에로스를 자연학적, 의학적 측면에서 접근한다. 그는 사랑이란 단순히 사람들의 관계에서 생겨나는 감정이 아니라 우주의 원리라고 주장한다. 또한 좋은 연인을 기쁘게 한다면 좋은 일이지만, 나쁜 연인을 기쁘게 하는 것은 나쁘다는 파우사니아스의 주장을 인체에 적용시킨다. 즉, 좋은(건강한) 신체 부분을 기쁘게 하는 것은 좋으나 나쁜(병든) 부분을 기쁘게 하는 것은 나쁘다는 것이다.

일반적으로 좋은 에로스는 대립자 사이에 조화와 균형을 증진하며 건강에 기여한다. 반대로 나쁜 에로스는 과도함을 부추겨서 부조화를 만들어내고 건강을 해친다. 따라서 의사는 좋은 에로스와 나쁜 에로스를 정확히 구분함으로써 신체의 욕망을 변화시키고 건강을 지키고자 한다.

에뤽시마코스는 대립자로부터 조화를 만들어내는 기술로서 의학의 개념을 다른 영역(체육, 농사술, 시가술, 천문학 등)에도 적용한다. 가령 음악이란 서로 반대되는 것(고음과 저음, 빠른 리듬과 느린 리듬)에서 조화를 만들어내고, 농사란 날씨와 다른 요소들(고온과 저온, 눅눅한 날씨와 건조한 날씨)의 대립을 활용해서 작물을 기르는 것이다.

에뤽시마코스의 연설은 대립자를 조화시켜야 한다는 소크라테스 이전 철학의 개념을 활용하고 있을뿐더러, '에로스란 우리가 소유하지 않는 무언가에 대한 욕망'이라는 디오티마의 주장을 예고한다. 가령 차가운 것은 차가움을 사랑할 수 없으며 따뜻함을 사랑한다는 것이다. 훌륭한 의사가 대립자들을 서로 사랑하도록 화해시키듯, 유능한 음악가는 대립자(가령 고음과 저음)를 화해시키고 에로스와 일치를 그 안에 심어서 화음을 만들어낸다.

아리스토파네스의 연설(189c-193e)

아리스토파네스는 에로스를 신들 중 인류를 가장 친애하는 자 philanthrōpotatos이자 일종의 치유자로 간주한다. 또 인간의 본성도 설명하는데, 인간의 본래 모습은 천체처럼 구형이었고 두 몸[21]이 붙어 있었으며 힘도 엄청나게 셌다. 하지만 자만한 인류가 신들을 공격하자 제우스는 인간을 반으로 나눔으로써 힘을 억제했다. 그러나 반쪽으로 나뉜 인간들이 자기 반쪽을 찾아 헤매다가 만나면 서로 끌어안고 아무것도 먹지 않은 채 죽어가자, 이를 불쌍히 여긴 제우스는 인간들이 자기 반쪽과 성교를 나누며 육체적 만족과 잠깐 동안의 위안을 누리도록 허용했다.

이렇게 볼 때 에로스란 인간의 참된 본성을 회복시키는 치유자이며 다시 온전한 하나가 되도록 돕는 힘이다. 아리스토파네스에 따르면, 최초의 본성을 회복하는 일이 가장 좋지만, 현 상황에

21 남성과 남성, 여성과 여성 혹은 남성과 여성.

서 최선은 각자가 생각하기에 자기 반쪽이라 여겨지는 연인을 찾는 일이다.

아가톤의 연설(194e-197e)

아가톤은 찬미 연설이 어떤 것이어야 하는지, 그 질문을 던진 최초의 인물이다. 그는 에로스가 우리를 위해 행한 일(혹은 우리에게 준 선물)보다는 에로스 자체에 찬미의 초점을 맞춘다. 먼저 에로스의 신체적 특징을 밝힌 후 도덕적 특징을 설명하고자 하는데, 그가 보기에 에로스는 젊고 용모가 아름답다.[22] 따라서 에로스는 가장 아름답고 훌륭한 자이므로 가장 행복하다. 또 에로스는 가장 젊은 신이므로 늙고 추한 것을 피하며,[23] 늘 젊은 자와 함께한다. 비슷한 것들끼리 끌리기 때문이다. 한편 에로스는 신들 중 가장 부드럽고 섬세하며 가장 우아하고 조화롭다.

아가톤은 이렇게 에로스의 신체적 특징을 기술한 후 도덕적 품성을 설명한다. 아가톤에 따르면, 에로스는 4덕(정의, 절제, 용기,

22 아가톤은 자기 자신과 마찬가지로 에로스가 사랑받는 자의 외모를 가졌다고 생각한다. 《프로타고라스》 315d-e에서는 아가톤을 훌륭한 본성을 지니고 용모가 매우 아름다운 청년으로 묘사하고 있다.

23 에로스가 늙고 추한 것을 피한다는 말은 아가톤 옆에 앉은 소크라테스를 빗대어 장난치는 것일 수도 있다.

지혜)을 갖추고 있다. 즉, 에로스는 정의롭고[24] 지혜로우며 절제하고 용맹하다. 또 고통과 두려움, 욕망과 관련해서 사람들에게 평화를 가져다주며, 우리의 가장 좋은 인도자요 수호자이며 동료이고 구원자다. 따라서 우리는 에로스를 따라야 하며, 신과 인간의 마음을 매혹시키는 그의 노래에 동참해야 한다.

아가톤은 에로스가 무언가를 갈구하는 에로스여야 한다는 점을 파악했다. 그가 보기에 추한 것을 갈구하는 에로스는 존재하지 않으며, 에로스는 아름다움에 대한 사랑이다(197b). 하지만 아가톤은 에로스가 무엇인지 명확히 정의하지 않았는데 소크라테스는 이 점을 지적한다.

소크라테스의 연설(198a-212c)

에로스에 관한 소크라테스의 논의는 크게 세 부분으로 나뉜다. 먼저 소크라테스는 아가톤에게 에로스의 본성에 관해 질문하면서 아가톤의 에로스 정의를 논박한다. 둘째로 소크라테스는 자기 자신도 에로스에 관한 잘못된 생각을 디오티마에게 논박당했음을 고백한다. 마지막으로 소크라테스는 디오티마가 가르쳐준 에로스의 본성을 설명한다.

24 아무도 해치지 않으며 그 누구에게서 해침을 당하지도 않는다.

#1 소크라테스의 아가톤 논박(199c-201c)

소크라테스는 아가톤이 에로스의 역할을 찬미하기 전에 먼저 에로스가 어떤 존재인지 논했음을 칭찬한다. 하지만 몇 가지 쟁점을 확인한다. 첫째, 에로스는 무언가를 갈구하는 사랑이다. 둘째, 에로스는 자신에게 결여된 것을 갈구하는 욕망이다. 셋째, 에로스는 자신이 사랑하는 것을 결여한다. 넷째, 에로스는 결여하는 것을 소유하고자 하는 욕망이다. 만약 우리가 이미 소유한 것을 욕망한다면, 이는 우리가 현재 소유한 것을 미래에도 소유하기를 욕망한다는 뜻이다.

소크라테스는 이상 네 가지로 아가톤의 동의를 이끌어낸 후, 아가톤의 에로스 찬미 연설의 문제점을 지적한다. 에로스가 아름다움에 대한 사랑 또는 욕망이라면 아름다움을 결여해야 한다는 것이다. 아가톤은 에로스가 아름답다고 말했지만, 아름다움을 욕망하는 에로스는 아름답지 않다.

#2 디오티마와 소크라테스(201d-203a)

소크라테스는 젊은 시절에 만티네이아 출신 무녀 디오티마에게서 들은 이야기를 동료들에게 전한다. 《향연》 이외의 그리스 문헌에는 디오티마가 전혀 등장하지 않기 때문에 현대의 많은 주석가들은 디오티마를 플라톤이 창조한 가상의 인물로 간주한다.

소크라테스와 디오티마의 만남은 기원전 430년 아테나이에 역병이 돌기 10년 전으로 추정되는데, 이 당시 소크라테스는 29~30세 정도(대화편에서 아가톤과 비슷한 연령)였다. 디오티마는 소크라테스를 아직 미숙한 청년으로 여기면서, 마치 소크라테스가 아가톤에게 질문하듯 소크라테스에게 질문을 던진다. 디오티마를 만났을 때 소크라테스도 아가톤처럼 에로스가 위대하고 아름다운 신이라고 여겼다. 하지만 디오티마는 에로스가 아름다운 것과 추한 것, 좋은 것과 나쁜 것 그리고 신과 인간 사이의 중간적 존재임을 보여준다.

#3 디오티마의 에로스 이야기(203b-212c)

디오티마는 에로스의 탄생 이야기를 소크라테스에게 들려준다. 에로스는 풍요의 신 포로스와 빈곤의 여신 페니아 사이에서 태어난 신적 존재다. 따라서 한편으로 어머니를 닮아 거칠고 추하며 집도 없이 맨발로 다니지만, 다른 한편으로 아버지를 닮아 용감하고 지혜를 사랑하며[25] 자신이 소유하지 않은 아름다운 것을 얻기 위해 항상 노력한다. 즉, 에로스는 사랑받는 대상이 아니

25 디오티마에 따르면 사랑은 아름다운 것을 향한 열망인데, 지혜란 가장 아름다운 것들 중 하나이므로, 사랑이란 지혜에 대한 열망이다. 이렇게 볼 때 에로스야말로 진정으로 지혜를 사랑하는 자라고 할 수 있다.

라 사랑(욕망)하는 존재다.

그렇다면 아름다운 것에 대한 사랑은 우리에게 어떤 유익이 있는가? 또 아름다운 것을 사랑하는 자는 무엇을 욕망하는가? 이 물음에 소크라테스는 아름다운 것 또는 좋은 것을 사랑하는 자는 그것이 자신의 소유이기를 욕망하며 이를 통해 행복해지려고 한다고 말한다.

디오티마에 따르면, 우리 모두는 육체적으로나 정신적으로[26] 임신 중인데, 에로스는 아름다운 것을 욕망할뿐더러 아름다움 안에서 출산하고자 하며 이를 통해 불사함을 얻고자 한다. 즉, 출산에 대한 욕망(성적 욕망)이란 궁극적으로 불사의 열망이다. 죽을 수밖에 없는 존재가 옛 세대 뒤에 새 세대를 남김으로써 종을 영구히 보존하려 한다는 것이다.[27]

디오티마는 좋음에도 등급이 있듯 아름다움에도 등급이 존재하는데, 참되게 사랑하는 자가 최종 단계에 이를 때까지 밟아나가야 할 단계(이른바 사랑의 사다리)는 다음과 같다. 첫 번째 단계는 아

26 디오티마는 육체의 출산(자식을 낳음)과 영혼의 출산(현명함과 덕을 산출함)을 구분한다. 특히 호메로스와 헤시오도스, 솔론과 뤼쿠르고스 등은 영혼의 출산으로 불사함을 얻었다.

27 물론 개체 내에서도 새것이 옛것을 대체한다. 가령 머리카락이 빠진 곳에 새 머리카락이 자라나며, 새로운 경험과 기억, 습관이 옛것을 대체한다.

름다운 몸을 사랑해서 아름다운 생각과 말들을 낳는 것이다. 하지만 사랑하는 자는 한 신체의 아름다움이 다른 신체의 아름다움과 유사함을 발견하며, 그래서 모든 신체의 아름다움이 동일함을 깨닫는다. 이로써 몸의 아름다움 일반으로 나아간다(두 번째 단계).

세 번째 단계는 몸보다는 영혼의 아름다움을 추구하는 것인데, 사랑하는 자는 자신을 매혹시키는 것이 신체의 아름다움이 아니라 영혼의 아름다움이며 올바른 품성임을 깨닫는다. 다음으로 사랑하는 자는 법률과 규범, 행위의 아름다움으로 인도되며 지식의 아름다움을 알게 된다. 에로스의 최종 목표는 아름다움의 이데아다. 즉, 사랑의 사다리를 오르는 자는 어느 순간 갑자기 영원하고 불변하는 아름다움 그 자체를 직관하게 된다.

아름다움 그 자체(아름다움의 이데아)의 관조가 인생의 최고 목표이며, 아름다움에 대한 인식만이 참된 덕과 불사를 낳는다. 소크라테스는 에로스가 덕을 얻는 일에 가장 좋은 도우미라는 디오티마의 이야기에 설득되었으며 다른 사람도 설득하려 노력한다고 말한다.

알키비아데스의 연설(212c-222b)

소크라테스가 연설을 마쳤을 때, 갑자기 알키비아데스가 담쟁이덩굴과 제비꽃으로 엮은 화관을 쓴 채 만취해서 시종들과 피리 부는 소녀의 부축을 받으며 등장한다. 그는 고래고래 소리를 지르며 아가톤을 찾으면서 자신을 아가톤에게 데려다달라고 한다. 알키비아데스는 집 안으로 안내를 받고 아가톤에게 승리의 리본을 씌워주려고 하다가 그 옆에 앉은 소크라테스를 발견한다. 소크라테스를 바라보는 알키비아데스의 마음은 사랑과 질투, 분노로 복잡하다. 아가톤과 소크라테스 사이에 앉은 알키비아데스는 향연 주관자 역할을 자처하고 나서고, 에로스가 아닌 소크라테스를 찬미한다.

알키비아데스는 소크라테스를 사튀로스 혹은 실레노스에 비유한다. 사튀로스 혹은 실레노스는 반인반수인 신화적 동물인데, 대개 납작한 코에 말 꼬리를 단 모습으로 묘사된다. 또한 사튀로스는 피리 부는 모습으로도 묘사된다. 알키비아데스는 소크라테스가 실레노스 조각상과 유사하다고 주장한다. 겉모습은 추하지만 열어 보면 내부에 디오뉘소스 상을 담고 있는 실레노스 상처럼, 소크라테스도 겉모습은 추하지만 내면은 아름답다는 것이다.

또한 알키비아데스는 육체적 즐거움을 제공하면 소크라테스가 그 대가로 자신을 지혜로운 사람이 되게 해줄 것이라고 기대했다고 말한다. 그래서 다양한 방식으로 소크라테스를 유혹하고자 했지만 결국 원하는 바를 얻을 수 없었다. 알키비아데스는 자신이 소크라테스에게 사랑받는 자라고 여겼지만, 결국 자신이 소크라테스를 사랑하는 자였음을 깨닫게 된다. 알키비아데스는 소크라테스가 참을성 있고 조용히 계획을 세운다는 점에서 오뒷세우스와 비슷하지만, 사실 어떤 사람과도 비슷하지 않다고 고백한다.

향연이 종료되다(222c-223d)

모임에 참석한 사람들은 소크라테스를 향한 알키비아데스의 애증에 웃음을 터뜨린다. 하지만 소크라테스는 알키비아데스가 솔직하게 이야기한 것이 아니라 소크라테스와 아가톤 사이를 훼방하려고 이런 이야기를 꾸며댔다고 반박한다. 알키비아데스와 소크라테스의 논란은 누가 사랑하는 자이고 누가 사랑받는 자인지 의문을 제기한다. 에로스와 마찬가지로 소크라테스는 양자의 사이에 자리 잡는다.

그런데 이때 갑자기 한 무리의 취객들이 향연장으로 들어온다. 곧 축하연은 난장판이 되고 향연은 종료된다. 향연에 참석했던 이들 중 몇몇은 떠났고 나머지는 잠들었다. 아리스토데모스도 곧 잠들었는데 동틀 녘이 되어 수탉이 울 때 깨어난다. 비몽사몽간에 그는 소크라테스와 두 명의 극작가(아리스토파네스와 아가톤)만 새벽까지 깨어서 술을 따르면서 대화하는 광경을 목격한다.

아리스토데모스는 마지막으로 소크라테스가 유능한 비극작가란 희극작가이기도 하다고 주장하는 장면을 기억한다. 아가톤과 아리스토파네스마저 잠들자, 소크라테스는 일어나서 하루 일상으로 돌아간다.

역자 후기

'플라토닉 러브'라는 용어를 최초로 사용한 사람은 르네상스 시대의 사상가 마르실리오 피치노Marsilio Ficino(1433~1499)였다. 그는 플라톤의 《향연》을 주석하면서 '플라토닉 러브'를 '육체와 연루되지 않는 영적 사랑'으로 정의했다. 플라톤적 사랑이란 신에게 헌신하는 동료들(수도사들?)의 정화된 동성애적 관계라는 것이다.

이러한 피치노의 견해는 피에트로 벰보Pietro Bembo(1470~1547)와 발데사르 카스틸리오네Baldassare Castiglione(1478~1529)의 영향으로 이성애로 확장되었고, 오늘날 브리태니커 백과사전은 이른바 '플라토닉 러브'를 '성관계가 기대되거나 행해지지 않는 애정관계'로 정의한다. 하지만 과연 플라토닉 러브는 플라톤 자신이 추구한 사랑이었을까? 만약 아니라면 플라톤은 사랑에 관해 어떤 입장을 견지했을까?

《향연》은 이 물음에 답하고 있다. 대화자들은 사랑에 관한 다양한 견해를 제시하는데, 당대 그리스 사람들의 애정관만이 아니라 진정한 사랑에 관한 플라톤 자신의 견해도 함께 보여준다. 디오티마의 입을 통해 대변되는 플라톤의 견해에 따르면, 진정한 사랑이란 우리를 육체적인 것에서 정신적인 것으로, 그리고 궁극적으로 아름다움 또는 좋음의 이데아로 안내하는 인도자다. 이런 점에서 에로스는 참되게 지혜를 사랑하는 자philosopho(철학자)에 다름 아니다.

그런데 다른 대화편과는 달리 《향연》은 본래 화자와 독자 사이의 거리를 멀리 떨어뜨려놓았다. 즉, 에로스에 관한 디오티마의 이야기를 소크라테스가 아가톤의 축하연 참석자들에게 전했고, 이를 들은 아리스토데모스가 아폴로도로스에게 전해준 이야기를 다시 아폴로도로스가 며칠 전 글라우콘에게 그리고 지금 무명의 동료들에게 전하고 있는 것이다. 이처럼 독자와 화자 사이의 거리를 멀리 떨어뜨려놓은 까닭이 정확히 무엇인지는 불분명하지만, 이를 통해 독자들은 참된 사랑에 이르는 길이 그만큼 지난하다는 사실을 미루어 짐작할 수 있을 것이다.

참고 문헌

이 책을 번역하면서 사용한 원전은 다음과 같다.

John Burnet (ed.), *Platonis Opera*, Oxford: Oxford University Press, 1903.

이 책을 번역하는 데 참고한 주석서, 해설서, 번역서 및 이차 문헌은 다음과 같다.

플라톤, 《향연》, 강철웅 옮김, 아카넷, 2020.

Richard Hunter, *Plato's Symposium*, Oxford: Oxford University Press, 2004.

Seth Benardete, *Plato's Symposium*, Chicago & London: The University of Chicago Press, 1993.

Thomas L. Cooksey, *Plato's Symposium: A Reader's Guide*, London & New York: Continuum, 2010.

M.C. Howatson & Frisbee C.C. Sheffield (eds.), *Plato, The Symposium*, Cambridge: Cambridge University Press, 2008.

Kenneth Dover (ed.), *Plato, Symposium*, Cambridge: Cambridge University Press, 1980.

Gary Alan Scott & William A. Welton, *Erotic Wisdom: Philosophy and Intermediacy in Plato's Symposium*, Albany: State University of New York Press, 2008.

Louise Pratt, *Eros at the Banquet: Reviewing Greek with Plato's Symposium*, Norman, OK: University of Oklahoma Press, 2011.

플라톤의 대화편

향연

Συμπόσιον

펴낸날 초판 인쇄 2024년 8월 26일
초판 발행 2024년 9월 5일

지은이 플라톤
옮긴이 오유석
펴낸이 정은영
편 집 한미경
디자인 마인드윙표지, 최은숙본문
마케팅 정원식

펴낸곳 마리북스
출판등록 제2019-000292호
주소 (04037) 서울특별시 마포구 양화로 59 화승리버스텔 503호
전화 02-336-0729, 0730
팩스 070-7610-2870
홈페이지 www.maribooks.com
이메일 mari@maribooks.com

ISBN 979-11-93270-29-5 04160
979-11-89943-92-9 세트